예수
구원

초판_ 1쇄 발행
발행일_ 2020년 9월 1일
만든 사람들_ God Seeker
　　　　　　　하나님을찾는사람들선교회
글쓴이_ 이일화

편집디자인_ 김시우
펴낸이_ 조정애
펴낸곳_ 유림프로세스
등록번호_ 제 2013-000003호
등록일자_ 2013년 1월 7일

정가: **15,400**원
ISBN: **978-89-98771-14-0**

이 도서의 국립중앙도서관 출판예정도서목록(CIP)은 서지정보유통지원시스템 홈페이지(http://seoji.
nl.go.kr)와 국가자료공동목록시스템(http://www.nl.go.kr/kolisnet)에서 이용하실 수 있습니다.
(CIP제어번호: CIP2015001301)

나는 어떻게 예수님을 믿는가?

How do I believe in Jesus?

예수구원

이일화 글·사진

God Seekers

하나님이
세상을 이처럼 사랑하사
독생자를 주셨으니

이는
그를 믿는 자마다
멸망하지 않고

영생을
얻게 하려 하심이라

(요3:16)

나는 어떻게 예수님을 믿는가?

|예|수|구|원|

새 번역 사도신경

나는
전능하신 아버지 하나님,
천지의 창조주를 믿습니다.

나는
그의 유일하신 아들,
우리 주 예수 그리스도를 믿습니다.

그는
성령으로 잉태되어
동정녀 마리아에게 나시고
본디오 빌라도에게 고난을 받아
십자가에 못 박혀 죽으시고
장사된 지 사흘 만에
죽은 자 가운데서 다시 살아나셨으며
하늘에 오르시어
전능하신 아버지 하나님 우편에 앉아 계시다가

거기로부터 살아 있는 자와 죽은 자를
심판하러 오십니다.

나는
성령을 믿으며,
거룩한 공교회와 성도의 교제와
죄를 용서받는 것과
몸의 부활과 영생을 믿습니다.
아멘.

- 사도신경은 전통적인 교회의 신앙고백입니다. -

하나님이 세상을 이처럼 사랑하사 독생자를 주셨으니, 이는 그를 믿는 자마다 멸망
하지 않고, 영생을 얻게 하려 하심이라 (요3:16)

이 책을 읽는 여러분에 대한 권면

믿음으로의 초대

우리가 살아가다가 보면 전혀 예기치 않은 일들로 어려움을 겪는 경우가 있습니다. 누군가를 의지하고 싶은데, 그런 사람조차 하나 없는 너무나 고독하고도 힘든 시기가 다가올 때가 있습니다. 이때 교회에 나가는 누군가를 통하여 우리의 구세주이신 예수 그리스도의 이야기를 듣게 됩니다.

예수 그리스도를 믿으라는 권유로 지푸라기라도 잡고 싶은 심정으로 교회에 출석하고 보면, 우리는 그곳에서 전혀 예기치 않았던, 우리 인생에서 가장 중요하고 고귀하신 한 분, 예수 그리스도를 만나게 됩니다. 그분이 바로 우리 인생의 구세주, 우리의 주님이신 예수 그리스도이십니다.

하나님이라고도 하고, 주님이라도 하며, 참 사람이시

면서도, 참 하나님이신 분, 온 인류의 구세주 예수 그리스도! 교회는 그분을 인류의 유일하신 구세주로 받아들입니다. 이제 그분을 소개하고자 합니다.

예수님께서는
우리에게 이렇게 말씀하셨습니다.

수고하고 무거운 짐 진 자들아 다 내게로 오라. 내가 너희로 쉬게 하리라. 나는 마음이 온유하고 겸손하니, 나의 멍에를 메고, 내게 배우라. 그리하면 너희 마음이 쉼을 얻으리니, 이는 내 멍에는 쉽고, 내 짐은 가벼움이라 하시니라. (마 11:28-30)

우리 주 예수 그리스도! 그분은 우리를 죄에서 건져내셨으며, 우리의 죄를 대속해 주시기 위하여, 이 땅에 오시어서 십자가 위에서 고난을 당하셨습니다. 그분은 우리에게 이렇게 말씀하십니다.

예수께서 이르시되, 내가 곧 길이요, 진리요, 생명이니 나

로 말미암지 않고는 아버지께로 올 자가 없느니라. (요14:6)

그분을 우리의 주님을 영접할 때, 주님께서는 우리가 그분의 자녀가 되는 권세를 누리도록 허락하여 주신다고 말씀하십니다.

영접하는 자, 곧 그 이름을 믿는 자들에게는 하나님의 자녀가 되는 권세를 주셨으니, 이는 혈통으로나 육정으로나 사람의 뜻으로 나지 아니하고, 오직 하나님께로부터 난 자들이니라. (요1:12-13)

여러분! 예수 그리스도를 믿으십시오. 예수 그리스도를 나의 주, 나의 하나님으로 받아들이십시오. 그분은 바로 여러분을 구원하시를 원하시고 계시며, 여러분과 함께 하시기를 원하시고 계십니다.

예수 그리스도! 그분을 주님으로 영접하고, 그분을 나의 주 나의 하나님으로 받아들이는 이 믿음을 고백하면, 주님께서는 성령(Holy Spirit)으로 바로 여러분 안에 거하시며, 여러분과 함께 동행하실 것입니다. 주님은 사랑이시기 때문입니다.

주 예수를 믿으라. 그리하면 너와 네 집이 구원을 받으리라. (행10:31)

예수님께서는
우리가 그분을 믿기를 바라시고 계십니다.

예수 그리스도께서 이 세상에 공생애를 사시는 동안 우리에게 끊임없이 이렇게 말씀하셨습니다. 그분을 믿으라고요.

내가 행하거든 나를 믿지 아니할지라도 그 일은 믿으라. 그러면 너희가 아버지께서 내 안에 계시고, 내가 아버지 안에 있음을 깨달아 살리라 하시니 (요10:38)

너희는 마음에 근심하지 말라. 하나님을 믿으니 또 나를 믿으라. (요14:1)

내가 아비지 안에 거하고, 아버지께서 내 안에 계심을 믿으라. (요14:11)

우리가 주 예수 그리스도를 믿으면, 구원을 받게 됩니다. 왜 그럴까요? 이제 그 이야기를 시작하려 합니다.

참 사랑이신 분! 참 하나님이시며, 참 사람이신 분! 예수 그리스도! 그분은 과연 어떤 분이실까요?

머리말

    이 책은 영생의 길에 대하여 설명합니다. 우리가 죽음 이후 영원히 누구나 갈 수밖에 없는 길에 대하여 설명합니다.

    이 책을 읽으시는 가운데 우리의 생명이시며, 우리의 구주(Savior)이신 예수 그리스도, 그분을 주님으로 영접하시므로, 인생의 가장 복된 삶을 누려보시기 바랍니다.

    가까운 교회에 출석하시면, 여러분의 신앙의 도움을 받을 수 있으며, 교회에서 여러 성도들과 어울려, 거룩하신 주 하나님께 함께 예배를 드리는 기쁨 또한 누릴 수 있습니다.

예수님은 좋으신 분이십니다. 여러분 한 사람 모두 곁길로 가지 않고 구원을 받기를 바라시고 계시죠. 예수님을 믿는 사람은 천국의 길로, 예수님을 믿지 않고 죄의 길에 빠진 사람들은 영원히 불타는 지옥에 갈 수밖에 없습니다. 이제 그 이야기를 들어보십시오.

2020. 9.
저자 올림

일러두기

* 이 책에 인용된 성경구절은 모두 우리 교회가 채택하고 받아들이고 있는 대한성
  서공회의 개역개정 4판의 번역문을 따랐습니다.

* 성경의 표기는 성경이 채택하고 있는 성경의 약어표에 의하여 표기하였으며, 장
  절의 표시는 괄호 안에 : 로 나누어 앞부분에 성경의 장을, 뒷부분에 절을 표기하
  였습니다.

예수
구원

나는 어떻게 예수님을 믿는가?
How do I believe in Jesus?

예수구원

목차

영생의 길에 대하여

신앙생활의 출발은 우리가 믿는 예수 그리스도, 그분이 어떤 분이신지를 이해하는 데서부터 출발합니다. 하나님의 구원의 계획을 알면 알수록 그분의 인류에 대한 사랑과 관심을 깨달을 수 있습니다.

　교회를 다니는 사람이든 그렇지 않은 사람이든 예수 그리스도에 대하여 아는 것은 바로 성경을 통해서입니다. 예수 그리스도에 대하여 듣는다는 것은 복음이 무엇인지 아는 것이며, 궁극적으로는 인간이 하나님께 가까이 나아가는 길이 됩니다.

　하나님께서 천지를 창조하시고 인간을 만드신 이후, 주님께서는 인간이 죄에서 구원을 받기 위해서는 죄 없는 어린 양의 희생제물이 필요했음을 아셨고, 따라서 죄 없으시고 흠 없으신 그분의 외 아드님을 친히 동정녀의 몸을 통해서 이 세상에 보내셨습니다. 그리고 그분은 삼십삼 년간의 공생애를 사시다가 우리를 죄에서 건져내시기 위하여 십자가에 달려 돌아가셨으며, 다시 사흘 만에 죽은 자 가운데서 부활하셨습니다.

부활하신 후에는 사십 일간을 이 세상에 계시다가 오백여 명의 사람들이 바라보는 가운데 하늘로 올리우셨습니다. 이것이 바로 성경이 전하고 있는 그분에 대한 기록이며, 이야기입니다.

주님께서는 이 세상에 계시는 동안 수많은 병자를 고치셨으며, 앉은뱅이를 일으키셨고, 가난한 과부의 작은 헌금을 칭찬하셨으며, 죄인들과 함께하셨습니다. 또한 그분은 우리의 죄를 사하셨으며, 더러움을 깨끗하게 하셨을 뿐만 아니라, 사람들이 싫어하는 비천한 무리와 함께하시며, 매인 자에게 자유함을 주셨습니다.

예언자들은 이미 예수 그리스도께서 이 세상에 오시기 훨씬 그 이전에, 주님께서 오셔서 우리의 구세주가 되실 것임을 우리에게 먼저 알려주셨으며, 이 사실은 그대로 이루어졌습니다.

예수님께서 이 땅에서 공생애를 사시며 많은 사람들을 깨우치시며 가르치실 때, 우리는 그분께서 행하시고 베푸신 일들로 그분이 거룩하신 하나님의 외 아드님(독생자)이심을 알 수 있었습니다. 거룩하신 하나님의 외 아드님이신 예수 그리스도! 우리는 그분의 희생하심과 부활하심과 우리를 사랑하심을 믿습니다.

믿음으로 우리는 하나님께 의롭다 칭함을 받게 되며, 우리는 예수 그리스도를 믿으므로 예수 그리스도를 닮아가는 생활을 하게 됩니다.

1. 하나님의 창조

(1) 태초에 하나님이 천지를 창조하셨습니다. **(창1:1)**

(2) 사람만을 하나님의 형상대로 지으셨습니다. **(창1:27)**

(3) 하나님께서 사람만을 가장 존귀한 생명체로 만드셨고,
하나님의 명령대로 살며 영생하도록 하셨습니다.
(창3:22, 딛1:2)

2. 인간의 죄

(1) 사람은 모두다 하나님의 법을 어기고 자기 욕심대로
살려다 죄인이 되고 말았습니다. **(롬5:12)**

(2) 죄는 하나님을 섬기지 않고 자기 정욕대로 사는 것입니
다. **(롬1:21)**

(3) 또 죄는 믿음으로 따라 하지 아니하는 모든 것, 즉 올
바르지 못한 모든 것들입니다. **(롬14:23, 약4:17, 요일3:4,
5:17)**

3. 심판과 형벌

(1) 사람은 죄 값으로 반드시 죽게 되어 있으며, 육신이 죽은 후에는 자신이 지은 죄에 대하여 심판을 받게 됩니다. (히10:27)

(2) 하나님 대하기를 두려워하는 자, 하나님 말씀을 믿지 않는 자, 살인자, 음행하는 자, 술객, 우상숭배자, 거짓말하는 자들은 모두 다 심판을 받은 후, 둘째 사망, 즉 유황불이 끓는 불 못에 떨어지게 됩니다. (계21:8)

(3) 이렇게 죄를 지은 사람은 자기 공로와 행위(수양, 지식, 선행)로는 결단코 구원을 얻지 못하며, 하나님의 선물인 예수 그리스도를 믿고 감사하며, 그 은혜를 받아들일 때만 구원을 얻고 영생의 길에 들어설 수 있습니다. (엡2:8-9)

4. 예수 그리스도

(1) 하나님께서 인생을 극진히 사랑하심으로 인간의 죄를 용서하여 주시기 위해 예수 그리스도를 이 땅에 보내셨습니다. 그분을 믿음으로 구원을 얻고 영생을 얻을 수 있도록 길을 열어 놓으셨습니다. 하나님은 사랑이시기 때문입니다. (요3:16, 14:6)

(2) 예수 그리스도는 천국 가는 길, 진리, 생명의 주님이십니다. 구원을 얻을 수 있는 생명의 길은 오직 예수 그리스도 한 분뿐입니다. (요14:6)

(3) 이 증거로 하나님과 사람 사이에 중보자 되신 예수 그리스도께서 우리의 죄를 속량하시기 위해 우리를 대신하여 십자가를 짊어지셨습니다. 그리고 십자가 위에서 우리의 죄를 대신 지시고 죽으신 후, 3일 만에 다시 살아나심으로, 우리에게 부활과 영생이 있음을 확실히 보여 주셨습니다. (딤전2:5, 벧전3:18, 고전15:3-4)

5. 사죄하는 길

(1) 하나님께서 말씀하시기를, '오라 우리가 서로 변론하자. 너희의 죄가 주홍 같을지라도 눈과 같이 희어질 것이요, 너희의 죄가 진홍 같을 지라도 양털 같이 희게 되리라. 너희가 즐겨 순종하면 땅의 아름다운 소산을 먹을 것이요. 너희가 거절하여 배반하면 칼에 삼켜지리라.' 하고 말씀하셨습니다. **(사1:18)**

(2) 주님께서 말씀하시기를 '수고하고 무거운 짐 진 자들아 다 내게로 오라. 내가 너희를 쉬게 하리라.'라고 말씀하셨습니다. **(마11:28)**

(3) 이 복된 말씀을 듣고, 과거의 지은 죄와 잘못을 하나님 앞에 온전히 자백하고 회개하면, 하나님께서 우리의 모든 죄를 사해 주시며, 모든 불의에서 우리를 깨끗케 하여 주실 것입니다. **(요일1:9)**

6. 구원의 은혜와 놀라운 축복

(1) 바로 지금 이 순간, 예수 그리스도께서 나를 위한 대속의 죽음을 죽으셨다는 사실을 믿고 고백하면, 구속 곧 죄 사함을 받게 됩니다. 그리고 사랑의 주님께서 우리와 함께 거하시게 됩니다. **(골1:14)**

(2) 예수 그리스도를 믿는다는 것은 예수님을 '나의 주, 나의 하나님', '나를 구원하신 주님'으로 영접하는 것을 말합니다. 하나님께서 보내신 예수 그리스도를 구주(Savior)로 영접하는 이들, 즉 그분을 믿는 이들에게는 하나님의 자녀가 되는 권세를 허락하여 주십니다. **(요 1:12)**

(3) 부활하신 후, 하늘로 승천하신 예수 그리스도께서 세상 종말의 때, 산 자와 죽은 자를 심판하러 다시 오십니다. 이때 예수 그리스도께서는 심판의 주인이 되십니다. 하나님의 말씀을 듣고 예수 그리스도를 구주로 영접한 사람들은 영생을 얻을 것이며, 하나님의 심판에 이르지 않게 될 것입니다. 우리는 사망에서 생명으로

옮겨진 사람들이 되었기 때문입니다. **(눅19:22, 요5:24, 히9:28, 벧전4:5)**

7. 성령님의 도우심

(1) 하나님께서는 우리가 연약하다는 사실을 다 아시고, 보혜사(Counselor, 우리를 도우시는 분) 성령님을 보내셔서 우리를 도와주십니다. **(롬8:26)**

(2) 보혜사 성령님의 감동이 없이는 예수 그리스도를 나의 생명의 구주(Savior)로 시인할 수 없습니다. **(고전12:3)**

(3) 지금 이 시간 성령님께서 말씀하실 때, 마음의 문을 열고, 예수 그리스도를 '나를 구원하신 주님, 나의 하나님'으로 모셔 들이시기 바랍니다. 그렇게 하면, 예수 그리스도의 이름으로 오시는 성령님께서 우리가 예수님과 함께 살아갈 수 있도록 늘 인도해 주실 것입니다. **(계3:20)**

8. 결 론 (하나님을 섬기고 예수님을 믿는 자의 결과)

(1) 이 땅 위에서는

① 하나님의 말씀인 성경이 우리 인생에게 영생이 있음을 알려주므로, 영생 또한 예수 그리스도께 있음을 알아야 합니다. (요5:39)

② 하나님의 말씀을 순종하면, 우리의 하는 일과 우리의 자손들뿐만 아니라, 그리고 우리의 건강까지 복을 받게 됩니다. (신28:2)

③ 예수 그리스도를 믿는 이 진리 안에 살면, 우리의 영혼이 잘되며, 우리의 모든 일들이 형통해지며, 우리의 육신 또한 강건해지도록 인도하여 주십니다. (요삼1:2)

(2) 우리의 사후에는

① 생명의 부활로 일어나 영구한 도성, 즉 천국에 들어가게 됩니다. (고후 5:1)

② 주님의 말씀 안에서 생활한 사람들은 새 하늘과 새 땅을 바라보게 됩니다. (벧후3:9-13)

③ 이 땅 위에 사는 동안 주님 안에서 행한 대로 보상을 받고 영원한 안식을 얻게 됩니다. (계14:13)

(3) 결론적으로

① 하나님께서는 한 사람도 죄 값으로 멸망하지 않고 영원한 생명을 얻게 되기를 원하시고 계십니다.
(요6:39-40, 벧후3:8-9)

② 그리하여 우리가 영영한 형벌인 지옥에 빠지지 않게 되고, 오직 예수 그리스도를 믿음으로, 우리 모두 생명

의 부활로 영생이 있는 천국에 들어갈 수 있게 되기를
원하시고 계시는 것입니다. 주님은 사랑이시기 때문입
니다. (요5:24,29, 8:51)

새 신자의 고백의 기도

처음 예수 그리스도를 알고, 우리 주님을 따르기를 원하시는 분들은, 이 기도문을 소리 내어 읽으심으로써 믿음을 고백하여 보시기 바랍니다. 그렇게 하면, 주님의 구원의 은혜가 믿음을 고백하는 여러분들에게 기쁨으로 임할 것입니다.

사랑이 많으신 주님! 저는 죄인입니다. 이 세상에서 방황하며 살다가 이제 주님 앞에 나왔습니다. 주님! 저를 받아 주옵소서.

하나님의 외 아드님이신 우리 주 예수 그리스도께서

저를 죄에서 구원해 내시기 위하여, 저를 대신하여 십자가 위에서 몸 버려 피 흘리시고, 죽음에서 부활하시어, 저를 구원해 주셨음을 믿습니다.

주님! 저의 죄를 용서해 주시고, 저를 죄악에서 건져내시며, 저를 주님의 자녀로 삼아 주옵소서. 오직 예수 그리스도만이 나의 주님, 나의 하나님이 되심을 믿사오니, 주님! 저를 받아 주옵소서.

지금까지 저의 지은 죄를 회개하오니, 예수 그리스도님의 흘리신 보배로운 피로, 저의 죄를 씻어 주옵소서. 이제는 주님만을 위하여 살겠습니다.

예수 그리스도를 나의 주님, 나의 하나님으로 받아들이오니, 저와 늘 함께하여 주옵소서. 우리의 주님이신 예수 그리스도의 이름으로 기도드립니다. 아멘.

- 신앙의 두 걸음 -

영원한 생명으로 인도하는 진리

천국과 지옥은 과연 있을까요? 많은 사람들이 의문을 갖습니다. 그렇지만 불행하게도 그것은 사실입니다. 천국과 지옥은 엄연히 존재합니다.

　우리 주 예수 그리스도께서는 분명히 천국과 낙원이 존재하고 있고, 예수 그리스도를 믿는 우리는 죽은 이후에 천국에 가게 된다고 말합니다. 그러나 예수 그리스도를 믿지 않는 사람들은 그렇지 않지요. 불행하게도 지옥으로 가게끔 되지요. 그 곳은 구더기도 죽지 않고 불로써 소금 치듯 하는 곳이기도 합니다.

　예수님께서는 우리의 죄를 사하시기 위하여 이 땅에 오셨습니다. 예수님은 아무 흠과 티가 없으신 하나님의 외 아드님(독생자)이심에도 불구하고, 우리의 죄를 사하시기 위하여 십자가 위에서 몸을 버려 피를 흘리시며 희생하셨습니다. 이 희생은 바로 죄로 죽을 수밖에 없는 우리를 죄와 죽음에서 건져내시기 위함이셨습니다.

예수님께서는 십자가 위에서 운명하신 후, 사흘 동안 무덤에 묻히시어 계시다가 다시 부활하셨죠. 그리고 그분의 살아나신 모습을 사십 일 동안 제자들에게 보이시고, 많은 제자들이 바라보는 가운데 하늘로 올리우셨죠.

우리 그리스도인은 예수 그리스도께서 부활하신 이 사실을 믿습니다. 또한 우리는 육체의 죽음이 전부가 아니라, 육체가 죽은 후 천국에서 주님과 함께 있게 될 것이라는 사실을 또한 믿습니다. 그곳은 주님과 함께 있는 기쁨이 영원히 지속되는 곳이기도 합니다. 우리가 죽게 되면 우리 영혼은 주님이 계신 낙원, 즉 천국에 올리어져 갈 것이며, 그곳에서 영원토록 주님과 함께 살게 될 것입니다.

우리 주 예수 그리스도를 믿는 사람들만이 천국에 들어가게 됩니다. 예수 그리스도를 믿지 않는 사람들은 결코 천국에 들어갈 수 없습니다. 이것은 불편하지만 진실이며, 사실입니다. 예수님께서 날 위해 십자가를 지셨음을 고백하고, 예수님께서 죄로 인하여 죽어야 할 나를 대신하여 십자가 위에서 친히 죽으셨다는 이 사실과 이 믿음을 고백하는 이들에게만 천국이 보장될 것입니다.

예수 그리스도를 믿는 이들은 하나님께 지은 잘못과 죄를 고백합니다. 주님 앞에 지은 죄를 고백하며 회개하고, 다시는 그 죄와 악에 빠지지 않기를 다짐하며 주님의 도우심을 구합니다. 이것이 그리스도인의 모습입니다.

악인은 그렇지 않습니다. 음행과 더러운 것과 호색과 우상 숭배와 주술과 원수 맺는 것과 분쟁과 시기와 분냄과 당 짓는 것과 분열함과 이단과 투기와 술 취함과 방탕함과 또 그와 같은 육체의 일에 빠져 있습니다. 이런 악한 사람들은 하나님의 나라를 유업으로 받지 못합니다.(갈5:19-21, 계22:15) 이런 죄악에 빠진 사람들은 주님 앞에 돌아와 죄를 자복하며 회개해야 할 것입니다. 그래야만 주님께서 계신 천국에 들어갈 수 있습니다.

선한 그리스도인은 우리들에게 권면합니다. 이런 죄악의 길에서 돌아와 회개하고 주님 계신 천국에 함께 들어가자고 말합니다. 그 길은 하나뿐입니다. 바로 예수 그리스도를 믿는 길뿐입니다. 예수 그리스도만이 길이요 진리요 생명이시기 때문입니다.

주 예수를 믿으라. 그리하면 너와 네 집이 구원을 받으리라. (행16:31)

예수께서 이르시되 내가 곧 길이요 진리요 생명이니 나로 말미암지 않고는 아버지께로 올 자가 없느니라. (요14:6)

『영생의 길』 성경 말씀 바로 알기

1. 하나님의 창조

(창 1:1) 태초에 하나님이 천지를 창조하시니라.

(창 1:27-28) 하나님이 자기 형상 곧 하나님의 형상대로 사람을 창조하시되 남자와 여자를 창조하시고, 하나님이 그들에게 복을 주시며 하나님이 그들에게 이르시되 생육하고 번성하여 땅에 충만하라, 땅을 정복하라, 바다의 물고기와 하늘의 새와 땅에 움직이는 모든 생물을 다스리라 하시니라.

(창 3:22-23) 여호와 하나님이 이르시되 보라 이 사람이 선악을 아는 일에 우리 중 하나 같이 되었으니 그가 그의 손을 들어 생명나무 열매도 따먹고 영생할까 하노라 하시고, 여호와 하나님이 에덴 동산에서 그를 내보내어 그의 근원이 된 땅을 갈게 하시니라.

(딛 1:2) 영생의 소망을 위함이라 이 영생은 거짓이 없으신 하나님이 영원 전부터 약속하신 것인데,

하나님의 천지창조 ────

하나님께서 이 세상과 온 우주를 창조하셨고, 그 중에서 사람만을 하나님의 형상대로 지으시고, 생기를 불어 넣으셨습니다. 사람만을 가장 존귀한 생명체로 만드셨습니다. 하나님께서 창조하신 인간은 하나님의 명령대로 살며, 영생하도록 허락하셨습니다.

하나님께서 인간을 창조하신 목적은 하나님께 영광을 돌리게 하기 위함이셨습니다. 하나님께서는 온 세상 만물을 창조하시고 보시기 좋아하셨으며, 그 가운데서 인간을 창조하신 후에 심히 보시기에 좋아하였습니다.

────────────

2. 인간의 죄

(롬 5:12) 그러므로 한 사람으로 말미암아 죄가 세상에 들어오고 죄로 말미암아 사망이 들어왔나니 이와 같이 모든 사람이 죄를 지었으므로 사망이 모든 사람에게 이르렀느니라.

(롬 1:21-23) 하나님을 알되 하나님을 영화롭게도 아니하며 감사하지도 아니하고 오히려 그 생각이 허망하여지며 미련한 마음이 어두워졌나니 스스로 지혜 있다 하나 어리석게 되어 썩어지지 아니하는 하나님의 영광을 썩어질 사람과 새와 짐승과 기어다니는 동물 모양의 우상으로 바꾸었느니라.

(롬 14:23) 의심하고 먹는 자는 정죄되었나니 이는 믿음을 따라 하지 아니하였기 때문이라 믿음을 따라 하지 아니하는 것은 다 죄니라.

(약 4:17) 그러므로 사람이 선을 행할 줄 알고도 행하지 아니하면 죄니라.

(요일 3:4) 죄를 짓는 자마다 불법을 행하나니 죄는 불법이라.

(요일 5:17) 모든 불의가 죄로되 사망에 이르지 아니하는 죄도 있도다.

인간의 죄

인간의 죄는 하나님께서 인간이 거주하게 한 에덴 동산에서 선악과를 따 먹지 말라고 한 하나님의 명령을 거역한 것이었습니다. 아담의 지은 이 죄 때문에 사람에게는 모두 다 죄가 유전되고 있습니다.

사람은 모두가 하나님의 법을 어기고 자신의 욕심대로 살려다 죄인이 되고 말았습니다. 죄는 하나님의 명령, 즉 하나님의 말씀을 거역한 것이며, 하나님을 섬기지 않고, 자신의 정욕대로 사는 것을 말합니다.

3. 심판과 형벌

(히 10:27) 오직 무서운 마음으로 심판을 기다리는 것과 대적하는 자를 태울 맹렬한 불만 있으리라.

(계 21:8) 그러나 두려워하는 자들과 믿지 아니하는 자들과 흉악한 자들과 살인자들과 음행하는 자들과 점술

가들과 우상 숭배자들과 거짓말하는 모든 자들은 불과 유황으로 타는 못에 던져지리니 이것이 둘째 사망이라.

(엡 2:8-9) 너희는 그 은혜에 의하여 믿음으로 말미암아 구원을 받았으니 이것은 너희에게서 난 것이 아니요 하나님의 선물이라. 행위에서 난 것이 아니니 이는 누구든지 자랑하지 못하게 함이라.

죄악의 심판과 형벌

인간이 죄를 지은 결과는 바로 죽음입니다. 사람은 죄 값으로 반드시 죽게 되어 있습니다. 육신이 죽은 이후에는 그 영혼이 자신이 지은 죄에 대하여 심판을 받게 됩니다.

하나님을 대하기를 두려워하는 사람, 하나님 말씀을 믿지 않는 사람, 살인한 자, 음행한 자, 술객, 우상 숭배자, 거짓말한 사람들은 모두 다 심판을 받게 됩니다. 이들은 둘째 사망, 곧 유황불이 끓는 불 못에 떨어지게 됩니다. 이것은 주님의 말씀입니다.

이렇게 죄를 지은 사람은 결코 자기 공로와 행위(수양, 지식, 선행)로는 결코 구원을 받지 못하며, 하나님의 선물인 예수 그리스도를 믿는 '믿음'으로만 구원을 받을 수 있습니다. 예수 그리스도를 믿는 믿음은 예수님의 십자가 위에서의 대속의 죽으심과 그 사랑을 받아들여야만 구원을 받고 영생의 길에 들어설 수 있는 것입니다.

---

4. 예수 그리스도

(요 3:16) 하나님이 세상을 이처럼 사랑하사 독생자를 주셨으니 이는 그를 믿는 자마다 멸망하지 않고 영생을 얻게 하려 하심이라.

(요 14:6) 예수께서 이르시되 내가 곧 길이요 진리요 생명이니 나로 말미암지 않고는 아버지께로 올 자가 없느니라.

(딤전 2:5) 하나님은 한 분이시요 또 하나님과 사람 사이에 중보자도 한 분이시니 곧 사람이신 그리스도 예수라.

(벧전 3:18) 그리스도께서도 단번에 죄를 위하여 죽으사 의인으로서 불의한 자를 대신하셨으니 이는 우리를 하나님 앞으로 인도하려 하심이라 육체로는 죽임을 당하시고 영으로는 살리심을 받으셨으니.

(고전 15:3-4) 내가 받은 것을 먼저 너희에게 전하였노니 이는 성경대로 그리스도께서 우리 죄를 위하여 죽으시고, 장사 지낸 바 되셨다가 성경대로 사흘 만에 다시 살아나사.

예수 그리스도

하나님께서는 우리의 죄악을 용서하시고, 우리가 죄와 죽음에서 구원을 받을 수 있도록 길을 열어 놓으셨습니다. 하나님은 사랑이시기 때문에 우리를 구원하시기로 작정하신 것입니다.

하나님께서 인생을 극진히 사랑하심으로 죄로 죽을 수밖에 없는 인간을 구원하기 위해 이 땅에 예수 그리스도를 보내셨습니다.

예수님께서 우리의 죄악을 사하시기 위하여 십자가 위에서 몸 버려 피 흘리시고, 우리를 대신하여 십자가 위에서 운명하시며, 사흘 간 무덤에 머무르시다가 죽음에서 부활하셨습니다.

주님께서는 무덤에 장사되신지 사흘 만에 부활하신 후, 이 땅에 사십 일 동안 계시다가 하늘로 올라가셨습니다.

예수 그리스도께서는 하늘에 승천하신 모습 그대로 다시 이 세상에 오실 것이며, 세상 종말의 때에는 산 자와 죽은 자를 심판하시는 주님으로 다시 오실 것입니다.

예수님께서는 십자가 위에서 죽으시고, 무덤에 머무르시다가, 사흘 만에 부활하심으로 우리에게 영생이 있음을 확증해 주셨습니다.

예수 그리스도는 천국 가는 길, 진리, 생명, 구원이시며, 우리가 구원을 얻을 수 있는 유일한 길입니다. 우리의 생명의 길은 오직 예수 그리스도 한 분뿐이십니다.

5. 사죄하는 길

(사 1:18) 여호와께서 말씀하시되 오라 우리가 서로 변론하자 너희의 죄가 주홍 같을지라도 눈과 같이 희어질 것이요 진홍 같이 붉을지라도 양털 같이 희게 되리라.

(마 11:28) 수고하고 무거운 짐 진 자들아 다 내게로 오라 내가 너희를 쉬게 하리라.

(요일 1:9) 만일 우리가 우리 죄를 자백하면 그는 미쁘시고 의로우사 우리 죄를 사하시며 우리를 모든 불의에서 깨끗하게 하실 것이요.

속죄의 길

우리는 우리의 지은 모든 죄를 주님 앞에[고백하고 회개하며 주님께 나아가야 합니다. 주님께서는 우리의 구원이 되시기 때문입니다. 주님 앞에 우리의 모든 지은 죄를 고백하고 회개하며, 주 예수 그리스도의 구원하심을 믿는 믿음을 고백할 때만 하나님의 구원이 주어짐을 알아야 합니다.

하나님께서 이사야 선지자를 통하여 말씀하시기를 "오라 우리가 서로 변론하자. 너희의 죄가 주홍 같이 붉을지라도 눈과 희어질 것이요, 너희의 죄가 진홍 같을지라도 양털같이 희게 되리라."고 말씀하셨습니다.

주님께서는 우리의 죄악과 무거운 질고의 짐을 우리 대신 짊어지셨습니다. 주님께서는 "수고하고 무거운 짐 진 자들아. 다 내게로 오라. 내가 너희를 쉬게 하리라."고 말씀하셨습니다.

주님의 부르심의 말씀을 듣고, 주님 앞에 온전히 우리의 잘못을 자복하고 회개하면, 주님께서는 우리의 모든 죄를 사해 주시며, 모든 불의에서 우리를 깨끗하게 하여 주실 것입니다.

---

6. 성령님의 도우심

(롬 8:26) 이와 같이 성령도 우리의 연약함을 도우시나니 우리는 마땅히 기도할 바를 알지 못하나 오직 성령이 말할 수 없는 탄식으로 우리를 위하여 친히 간구하시느

니라.

(고전 12:3) 그러므로 내가 너희에게 알리노니 하나님의 영으로 말하는 자는 누구든지 예수를 저주할 자라 하지 아니하고 또 성령으로 아니하고는 누구든지 예수를 주시라 할 수 없느니라.

(계 3:20) 볼지어다 내가 문 밖에 서서 두드리노니 누구든지 내 음성을 듣고 문을 열면 내가 그에게로 들어가 그와 더불어 먹고 그는 나와 더불어 먹으리라.

성령(Holy Spirit)님의 도우심

하나님께서는 우리가 나약하다는 사실을 아시기에, 예수 그리스도의 이름으로 오시는 보혜사(Counselor) 성령님을 보내시어 연약한 우리를 도우십니다.

보혜사 성령님의 감동 없이는 아무도 예수 그리스도를 나의 주 나의 하나님으로 시인할 수 없습니다. 예수 그리스도를 주님으로 믿고 고백하면, 주님의 성령님께서 연약한 우리를 도우시며, 우리를 주님과 함께 살아갈 수 있도록 우리를 인도해 주실 것입니다.

보혜사 성령님은 예수님과 똑 같으신 분이시며, 성령님으로 임하시는 제3위의 하나님이십니다.

---

7. 놀라운 축복

(골 1:14) 그 아들 안에서 우리가 속량 곧 죄 사함을 얻었도다.

(요 1:12) 영접하는 자 곧 그 이름을 믿는 자들에게는 하나님의 자녀가 되는 권세를 주셨으니

(히 9:28) 이와 같이 그리스도도 많은 사람의 죄를 담당하시려고 단번에 드리신 바 되셨고 구원에 이르게 하기 위하여 죄와 상관 없이 자기를 바라는 자들에게 두 번째 나타나시리라.

(벧전 4:5) 그들이 산 자와 죽은 자를 심판하기로 예비하신 이에게 사실대로 고하리라.

(요 5:24) 내가 진실로 진실로 너희에게 이르노니 내 말을 듣고 또 나 보내신 이를 믿는 자는 영생을 얻었고 심판에 이르지 아니하나니 사망에서 생명으로 옮겼느니라.

놀라운 축복

지금 이 순간 예수 그리스도께서 십자가 위에서 나를 위한 대속의 죽음을 죽으셨다는 사실을 믿고 고백하면, 구속 곧 죄 사함을 받게 됩니다.

예수 그리스도께서 나의 구주, 나의 하나님이라는 사실을 믿음으로 고백하면, 예수님의 이름으로 오시는 성령님께서 함께하시며, 늘 함께 거하십니다.

예수 그리스도를 믿는 이들이 누리는 복은 믿음이요, 구원의 은혜입니다. 이 복은 오직 예수 그리스도를 믿는 이들만이 누릴 수 있는 복입니다.

예수 그리스도를 믿는다는 것은 예수 그리스도를 나의 주, 나의 하나님으로 받아들이는 것을 말하며, 나를 구원하신 주님으로 영접하는 것을 말합니다. 예수 그리스도를 구주로 영접한 이들에게는 하나님의 자녀가 되는 권세를 허락하여 주십니다.

하나님의 말씀을 듣고, 예수 그리스도를 구주로 영접한 사람들은 영원한 생명을 얻을 것이며, 하나님의 심판에 이르지 않게 될 것입니다. 우리는 사망에서 생명으로 옮겨진 사람들이기에 우리는 심판에 이르지 않고, 영원한 천국에서 복된 삶을 살게 될 것입니다.

---

8. 결론

(신 28:2) 네가 네 하나님 여호와의 말씀을 청종하면 이 모든 복이 네게 임하며 네게 이르리니

(요삼 1:2) 사랑하는 자여 네 영혼이 잘됨 같이 네가 범사에 잘되고 강건하기를 내가 간구하노라.

(요 5:39) 너희가 성경에서 영생을 얻는 줄 생각하고 성경을 연구하거니와 이 성경이 곧 내게 대하여 증언하는

것이니라.

(고후 5:1) 만일 땅에 있는 우리의 장막 집이 무너지면 하나님께서 지으신 집 곧 손으로 지은 것이 아니요 하늘에 있는 영원한 집이 우리에게 있는 줄 아느니라.

(벧후 3:9-13) 주의 약속은 어떤 이들이 더디다고 생각하는 것 같이 더딘 것이 아니라 오직 주께서는 너희를 대하여 오래 참으사 아무도 멸망하지 아니하고 다 회개하기에 이르기를 원하시느니라. 그러나 주의 날이 도둑 같이 오리니 그 날에는 하늘이 큰 소리로 떠나가고 물질이 뜨거운 불에 풀어지고 땅과 그 중에 있는 모든 일이 드러나리로다. 이 모든 것이 이렇게 풀어지리니 너희가 어떠한 사람이 되어야 마땅하냐? 거룩한 행실과 경건함으로 하나님의 날이 임하기를 바라보고 간절히 사모하라. 그 날에 하늘이 불에 타서 풀어지고 물질이 뜨거운 불에 녹아지려니와 우리는 그의 약속대로 의가 있는 곳인 새 하늘과 새 땅을 바라보도다.

(계 14:13) 또 내가 들으니 하늘에서 음성이 나서 이르되

기록하라 지금 이후로 주 안에서 죽는 자들은 복이 있도다 하시매 성령이 이르시되 그러하다 그들이 수고를 그치고 쉬리니 이는 그들의 행한 일이 따름이라 하시더라.

(요 6:39-40) 나를 보내신 이의 뜻은 내게 주신 자 중에 내가 하나도 잃어버리지 아니하고 마지막 날에 다시 살리는 이것이니라. 내 아버지의 뜻은 아들을 보고 믿는 자마다 영생을 얻는 이것이니 마지막 날에 내가 이를 다시 살리리라 하시니라.

(벧후 3:8-9) 사랑하는 자들아 주께는 하루가 천 년 같고 천 년이 하루 같다는 이 한 가지를 잊지 말라. 주의 약속은 어떤 이들이 더디다고 생각하는 것 같이 더딘 것이 아니라 오직 주께서는 너희를 대하여 오래 참으사 아무도 멸망하지 아니하고 다 회개하기에 이르기를 원하시느니라.

(요 5:24) 내가 진실로 진실로 너희에게 이르노니 내 말을 듣고 또 나 보내신 이를 믿는 자는 영생을 얻었고 심판에 이르지 아니하나니 사망에서 생명으로 옮겼느니라.

(요 5:29) 선한 일을 행한 자는 생명의 부활로, 악한 일을 행한 자는 심판의 부활로 나오리라.

(요 8:51) 진실로 진실로 너희에게 이르노니 사람이 내 말을 지키면 영원히 죽음을 보지 아니하리라.

복음의 결론

지금까지 기술한 하나님을 섬기며, 믿는 믿음의 사람들이 받아들이는 믿음으로 얻게 되는 복을 요약하여 설명하면 이렇습니다.

첫째, 예수 그리스도를 믿는 이들은 이 세상에서 주님의 말씀인 성경을 사랑하며, 그분의 말씀을 따르는 복된 삶을 누리게 될 것입니다.

성경은 하나님의 영감으로 기록된 하나님의 말씀으로, 우리에게 영원한 생명, 즉 영생이 있음을 알려줍니다. 영생은 예수 그리스도 안에 있으며, 예수 그리스도 우리 주님을 믿을 때만 주어지는 것입니다.

하나님의 말씀을 믿고 순종하면, 우리의 일상에서 우리의 하는 일과 우리의 자녀들, 그리고 우리의 모든 일들이 복을 받게 될 것입니다.

예수 그리스도를 믿는 진리 안에 살면, 성령님께서 늘 우리와 함께 하시므로, 우리의 영혼이 잘 되며, 우리의 모든 일이 평안해지며, 우리의 육신 또한 강건해지도록 주님께서 인도해 주십니다. 이것이 주님을 믿는 이들에 대한 축복의 약속입니다.

둘째, 예수 그리스도를 믿는 이들의 복은 영원한 생명을 얻으며, 영원한 천국에서 주님과 함께 거하는 복된 생활이 예비 되어 있습니다.

우리는 이 세상에 사는 육체적 인생이 전부가 아닙니다. 우리가 죽게 되면, 우리의 영혼은 생명의 부활로 일어나, 영원한 생명이 있는 천국에 들어가게 됩니다.

주님의 말씀 안에서 생활한 사람들은 새 하늘과 새 땅을 바라보게 될 것이며, 천국인 그곳에서 영원한 평화와 안식을 얻게 될 것입니다. 그곳은 더 이상 눈물이 없을 것입니다.

천국에서 믿는 사람들마다 각자의 상급이 있을 것이며, 이 땅 위에서 사는 동안 주님 안에서 얻은 열매대로 보상을 받게 될 것입니다.

결론적으로 주님께서는 우리가 한 사람도 죄 값으로 멸망하지 않고, 죄에서 구원을 받아 영원한 생명을 얻기를 원하십니다. 우리가 예수 그리스도를 알게 되어 오직 믿음으로 구원을 받기를 바라시고 계시는 것입니다.

주님께서는 우리 모두 영영한 형벌인 지옥에 빠지지 않고, 생명의 부활로 일어나, 영원한 생명이 있는 천국에 들어갈 수 있게 되기를 바라시는 것입니다.

주님은 사랑이시기 때문입니다.

예수, 구원의 길

- 믿음 더 깊이 알기 -

이 글은 예수 그리스도를 정확하게 알지 못하는 사람들이 성경이 우리에게 들려주시고자 하는 말씀을 따라, 우리 주 예수 그리스도! 그분이 어떤 분이신지를 알려주는데 그 목적이 있습니다.

　이 장에서는 크게 아홉 가지의 이야기로 예수 그리스도의 오심과 우리를 구속하신 그분의 희생, 그리고 그분을 따르는 그리스도인의 삶을 깨달아 봅니다.

　하나님께서 천지를 창조하시고 인간을 축복하셨다는 것과 인간의 타락으로 인한 원죄 때문에 하나님께서 심판을 선언하셨다는 것, 그리고 죄에 따른 인간의 죄의 유전과 율법에 의한 죄를 먼저 이해하게 됩니다. 그 다음에는 인간의 죄악에 따른 심판과 그 심판의 결과로 인간이 받게 되는 영영한 지옥 형벌에 대하여 살펴보게 됩니다.

복음의 핵심인 예수 그리스도께서 오심과 그분의 희생, 그리고 그분의 이름으로 오시는 성령님의 도우심, 예수 그리스도를 믿음으로써 얻게 되는 죄 사함과 영생의 축복을 안다는 것은 행복입니다.

예수님을 섬기는 삶으로의 변화와 예배드리는 생활, 그리고 예수 그리스도 안에서의 교제, 예수 그리스도를 구주로 영접한 믿음을 가진 이후의 결과로 얻어지는 이 땅에서의 삶의 행복은 죽음 이후의 부활과 예수님께서 오실 때까지의 성도들의 기다림의 연속된 생활이기 때문입니다.

죄로 죽을 수밖에 없는 우리들을 죄 가운데서 건져내신 예수 그리스도! 인류의 영원하신 구세주! 그분의 그 크신 희생과 사랑, 그리고 우리의 소망을 이 글을 통해서 알게 될 것입니다.

①

인간 창조의 비밀

이 세상은 어떻게 창조되었을까요,
또한 하나님께서 이 세상을 창조하신 이유는 무엇일까요?

하나님께서 온 세상을 창조하시고 난 후,
또 인간을 창조하시고 축복하신 이유는 무엇일까요?
하나님께서 인간을 창조하신 내용과 그 과정을 살펴보면,
우리가 사는 이 세상이 다시 한 번 더 아름답게 느껴질 것입니다.

(창1:1-2:3)

하나님이 자기 형상 곧 하나님의 형상대로 사람을 창조하시되 남자와 여자를 창조하시고, 하나님이 그들에게 복을 주시며 하나님이 그들에게 이르시되, 생육하고 번성하여 땅에 충만하라 땅을 정복하라 바다의 물고기와 하늘의 새와 땅에 움직이는 모든 생물을 다스리라 하시니라. (창 1:27-28)

이야기의 시작

우리 인간의 구원이 왜 필요한지를 이해하려면, 그것은 바로 하나님께서 인간을 창조하신, 그 처음의 때부터 이야기가 시작됩니다.

우리 인간은 하나님께서 창조하신 피조물이며, 하나님의 영광을 찬송해야 할 의무가 있다는 것이지요.

하나님께서는 인간을 만드시고 매우 기뻐하셨다고 하는 사실을 성경은 기록하고 있습니다. 하나님께서 인간을 창조하신 이유는 바로 하나님께서 피조물인 인간을 통하여 영광을 받으시기를 원하셨음이었습니다.

세상 만물들의 창조 이야기

성경에 나타난 하나님의 세상에 대한 창조의 기록의 대략을 살펴보면 이러합니다.

태초에 하나님께서 말씀으로 이 세상을 창조하셨습니

다.

　하나님께서 세상을 창조하신 모습을 날짜별로 살펴보면, 첫째 날에는 빛과 어둠을 나누시고 빛을 낮이라 부르시며, 어둠을 밤이라 부르셨습니다. 둘째 날에는 궁창을 만드시고 궁창 아래의 물과 궁창 위의 물을 나누시면서 궁창을 하늘이라 부르시고, 셋째 날에는 뭍을 땅이라 물을 바다라고 부르셨습니다. 또한 풀과 채소와 씨를 가진 열매 맺는 나무를 내게 하셨습니다. 넷째 날에는 낮과 밤을 나누시면서 징조와 계절과 날과 해와 별들을 만드셨습니다. 그리고 다섯째 날에는 바다짐승과 물에서 움직이는 모든 생물의 종류, 새들을 창조하시고, 여섯째 날에는 땅의 생물, 가축과 기는 것, 땅의 짐승들을 만드신 후, 마지막으로 사람을 창조하셨습니다. (참조, 창1:1-31)

　하나님께서 이 세상의 창조물들을 보시고 참 좋아하셨습니다. 창조의 마지막 일곱째 날, 하나님께서 그 하시던 일을 마치시고 안식하시므로, 이 날을 거룩하게 하셨습니다. (참조, 창2:1-3)

인간의 창조와 축복

하나님께서 모든 우주와 땅을 창조하시던 여섯째 날에, 그분의 형상대로 인간을 만드시고 복을 주셨습니다. 특히 사람을 창조한 여섯째 날을 다른 날보다 매우 기뻐하셨습니다.

하나님께서는 '아담(Adam)'을 창조하시고 난 뒤, 하나님께서는 아담을 돕는 배필이 없음을 보시고, 또한 아담의 갈빗대를 취하여 여자인 '하와(Eve)'를 만드셨습니다.

하나님께서 참으로 인간을 축복하셨습니다. 하나님께서 사람에게 말씀하시길 "생육하고 번성하여 땅에 충만하여라. 모든 생물을 다스려라"(창1:28) 말씀하시고, 에덴 동산을 맡아서 돌보시게 하셨습니다.

하나님께서 인간을 에덴 동산에 살게 하시면서 한 가지 명령을 하셨습니다. 그 명령은 에덴 동산에서 동산 각종 나무의 실과는 임의로 먹되, "선악을 알게 하는 나무의 실과는 먹지 말라", 그것을 먹는 날에는 "정녕 죽으리라"는 것이었습니다.

바로 이것이 성경에 기록된 하나님께서 인간을 창조하시고 기뻐하신 세상의 창조 이야기입니다.

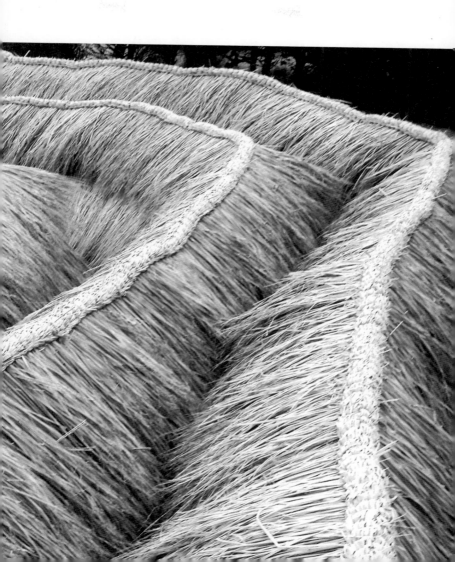

②

인간의 원죄와 하나님의 심판 선언

인간의 죄를 이해하는 것은
인간이 구원을 받을 수밖에 없는 존재임을 이해하는데 필수적입니다.
인간이 어떻게 죄를 지었으며,
죄를 지은 이후 어떤 결과를 가져왔는지를 살펴봅니다.
인간이 죄의 유혹에 아주 나약한 존재라는 사실을
하나님의 말씀인 성경을 통해서 깨닫게 될 것입니다.

(창2:8-3:26)

네가 선을 행하면 어찌 낯을 들지 못하겠느냐?
선을 행하지 아니하면 죄가 문에 엎드려 있느니라.
죄가 너를 원하나 너는 죄를 다스릴지니라.

(창4:7)

인간의 원죄의 기원

　인간의 원죄는 하나님의 명령을 어긴 것이었습니다. 성경은 인간이 죄를 지었던 우리들의 마음이 아담과 같이 다시 죄를 짓지 않기를 권면하고 있습니다.

　뱀이 그 간계로 하와를 미혹한 것 같이 너희 마음이 그리스도를 향하는 진실함과 깨끗함에서 떠나 부패할까 두려워하노라. (고후 11:3)

　최초의 인간인 아담이 뱀의 유혹에 빠져 하나님의 명령에 불순종하여 죄를 지었기 때문에 아담의 후손인 인간에게는 죄의 본성이 유전되기 시작했습니다.
　최초의 인간 아담이 하나님께 지음을 받은 후, 하나님의 명령을 어기고 지은 근본적인 죄의 기원을 살펴보면 이러합니다.

　하나님께서 지으신 들짐승 중에 뱀이 가장 간교하였습니다. 뱀이 여자에게 "하나님이 정말로 너희에게 동산 안에 있는 모든 나무의 열매를 먹지 말라고 하셨느냐?"

고 여자에게 물었을 때, 여자는 "먹지도 말고, 만지지도 말라. 너희가 죽을까 하노라"고 하나님께서 말씀하셨다고 대답합니다.

뱀이 다시 여자에게 "선악과를 먹어도 죽지 않는다. 너희가 그것을 먹는 날에는 하나님과 같이 되어 선악을 알게 될 줄을 하나님이 아시기 때문이다."라고 유혹하였을 때, 여자는 '먹음직도 하고, 보암직도 하고, 지혜롭게 할 만큼' 탐스런 나무의 열매를 따먹고, 남편에게도 주어 함께 먹게 했습니다.

선악과를 먹은 후, 두 사람의 눈이 밝아져 자신들이 벗은 몸인 것을 알고, 무화과나무 잎으로 치마를 엮어서 몸을 가렸습니다.

죄의 유혹에 대한 핑계

동산을 거니시는 하나님께서 아담을 찾아 말씀하실 때, 아담과 그 아내 하와는 하나님의 낯을 피하여 동산

나무 사이에 숨었습니다.

그때 하나님께서 "아담아, 네가 어디 있느냐?"고 부르시며 말씀하셨습니다. 이 때 아담은 "내가 동산에서 하나님 소리를 듣고, 내가 벗었으므로 두려워하여 숨었습니다."하고 대답했습니다.

하나님께서는 아담에게 "누가 벗은 몸을 알려 주었느냐? 네게 먹지 말라고 한 나무의 열매를 먹었느냐?"하고 물었습니다. 그러자 아담은 여자가 주어서 먹었고, 여자는 "뱀이 나를 꾀므로 먹었나이다."하고 핑계를 대었습니다.

하나님의 명령에 불순종한 죄에 대하여 하나님께서 그 이유를 물으실 때, 아담과 하와는 서로에게 핑계를 대며 책임을 미루는 모습을 보였습니다. 이것이 인간이 최초로 하나님의 명령을 어기고, 죄를 지은 원죄의 모습입니다.

하나님의 심판 선언

하나님의 명령을 거역한 죄에 대하여 하나님께서 아담과 하와와 이들을 유혹한 뱀에게 심판을 분명하게 선언하셨습니다.

하나님께서 뱀에게 이르셨습니다. "뱀은 평생토록 기어 다니고, 흙을 먹어야 하며, 여자와 원수가 되게 하고, 뱀의 후손과 여자의 후손이 원수가 될 뿐만 아니라, 여자의 후손은 뱀의 머리를 상하게 할 것이며, 뱀은 여자의 후손의 발꿈치를 상하게 할 것이라."하고 하셨습니다.

여자에게는 "잉태하는 고통을 크게 더하고, 수고하고 자식을 나을 것이며, 여자는 남편을 사모하고, 남편은 여자를 다스릴 것이라."라고 말씀하셨습니다.

아담에게는 "땅이 아담 때문에 저주를 받고, 죽는 날까지 수고를 하여야만 땅에서 나는 것을 먹을 수 있으며, 땅이 가시덤불과 엉겅퀴를 낼 것이며, 아담의 먹을 것이 밭의 채소인즉, 흙으로 돌아갈 때까지 얼굴에서 땀을 흘려야 식

물을 먹을 수 있고, 흙에서 만들어졌으므로 흙으로 돌아갈 것"(창3:17-19)이라고 하셨습니다.

이 때 아담은 자기 아내의 이름은 하와(생명, 생명이 있는 모든 것의 어머니)라고 하였습니다.

하나님의 인간을 보호하심과 추방

하나님께서 아담과 그의 아내 하와를 위하여 그들을 벌거벗은 채로 버려두지 아니하시고 가죽옷을 지어 입히셨습니다.

그리고 아담을 에덴 동산에서 내보내시고, 그 근원이 된 땅을 갈게 하셨습니다.

하나님께서 에덴 동산에서 인간을 쫓아내신 후, 다시는 인간이 에덴 동산으로 들어갈 수 없게 하셨으며, 에덴 동산 동쪽에 천사들과 두루 도는 불 칼을 두어 생명나무의 길을 지키게 하였습니다.

이리하여 인간은 그들이 지은 죄 때문에 결국 하나님께서 지으신 에덴 동산에서 쫓겨날 수밖에 없게 되었습니다.

3

인간의 죄의 유전과 율법에 의한 죄

모든 사람에게 죄가 있다면 그 이유는 무엇일까요?
지금까지 구체적으로 이해하지 못하였던
죄의 개념을 좀 더 세밀히 살펴보게 된다면,
나 자신이 죄인이라는 사실을 분명하게 알 수 있게 될 것입니다.
죄가 무엇인지를 알아야만
우리가 죄에서 벗어나
예수 그리스도의 은혜를 경험하는 생활이
반드시 필요하다는 사실을
분명하게 인식할 수 있기 때문입니다.

그러므로 한 사람으로 말미암아 죄가 세상에 들어오고,
죄로 말미암아 사망이 들어왔나니, 이와 같이 모든 사람이
죄를 지었으므로, 사망이 모든 사람에게 이르렀느니라. (롬
5:12)

죄의 결과와 유전

죄의 결과는 인간 모두가 사망에 이르게 되었다는 것입니다. 성경은 아담의 죄로 인하여 죄가 유전이 되었다는 사실을 설명하여 줍니다.

아담의 불순종의 죄 때문에 세상에 죄가 들어오고, 이 죄로 말미암아 사망이 세상에 들어오게 되었습니다.

아담의 죄 때문에 모든 사람이 죄인일 수밖에 없게 되었고, 그래서 모든 사람이 죽음에 이를 수밖에 없게 된 것이지요.

그러므로 한 사람으로 말미암아 죄가 세상에 들어오고, 죄로 말미암아 사망이 들어 왔나니, 이와 같이 모든 사람이 죄를 지었으므로 사망이 모든 사람에게 이르렀느니라. (롬 5:12)

죄는 하나님께서 주신 율법이 있기 전에도 세상에 있었으나, 율법이 없을 때에는 죄를 죄로 여기지 아니하였으므로, 사람들이 죄를 죄로 인식하지 못하였습니다.

그리하여 아담 때부터 모세 시대까지 사망이 왕노릇(죽음
이 지배)하여, 아담의 범죄와 같은 죄를 짓지 않은 사람들까
지도 죽음의 지배를 결코 벗어나지 못하게 되었습니다. (롬
5:12-14)

그러나 아담으로부터 모세까지 아담의 범죄와 같은 죄를
짓지 아니한 자들까지도 사망이 왕노릇 하였나니 (롬5:14)

율법에 의한 죄

그러나 하나님께로부터 모세가 율법을 받은 이후에는
모든 사람이 율법에 의하여 죄를 짓게 되었습니다.

율법은 하나님의 명령으로 이 명령을 위반하는 모든
사람이 죄를 짓게 될 터인데, 이 세상의 그 어느 누구도
그 율법을 완전하게 지킬 수 없으므로 율법에 의하여 모
든 사람이 죄인이 될 수밖에 없게 된 것입니다.

모든 사람이 죄를 범하였으매, 하나님의 영광이 이르지 못하더니 (롬3:23)

전에 율법을 깨닫지 못했을 때에는 내가 살았더니, 계명이 이르매 죄는 살아나고 나는 죽었도다. (롬7:9)

모세의 율법에 대하여 성경은 '율법으로 말미암는 의를 행하는 사람은 그 의로 살리라'고 하였습니다.

너희는 내 법도를 따르며 내 규례를 지켜 그대로 행하라. 나는 너희의 하나님 여호와이니라. 너희는 내 규례와 법도를 지키라. 사람이 이를 행하면 그로 말미암아 살리라 나는 여호와이니라. (레18:4-5)

모세가 기록하되 율법으로 말이암는 의를 행하는 사람은 그 의로 살리라 하였거니와 (롬10:5)

이렇게 율법에 따라 의를 행하는 사람은 살 수 있지만, 이 율법을 완전하게 지킬 수 있는 사람은 아미 이 세상에 아무도 없을 것입니다. 즉 율법을 지키는 행위로는 그분 앞에 의롭다함을 얻을 어떤 육체도 없게 된 것이지요.

율법 없는 이방인이 본성으로 율법의 일을 행할 때에는 이 사람은 율법이 없어도 자기가 자기에게 율법이 되나니, 이런 이들은 그 양심이 증거가 되어, 그 생각들이 서로 혹은 고발하며, 혹은 변명하며, 그 마음에 새긴 율법의 행위를 나타내느니라. (롬2:14-15)

기록된 바 의인은 없나니 하나도 없으며, 깨닫는 자도 없고 하나님을 찾는 자도 없고, 다 치우쳐 함께 무익하게 되고 선을 행하는 자는 없나니 하나도 없도다. (롬3:10-12)

율법은 진노를 이루게 하나니, 율법이 없는 곳에는 범법도 없느니라. (롬4:15)

죄는 자신의 욕망대로 사는 것

죄는 하나님을 섬기지 않고 자신의 욕망대로 사는 것

으로, 육체의 욕망을 따라 살아가는 삶을 말합니다.

하나님을 알되 하나님을 영화롭게도 아니하며 감사하지도 아니하고, 오히려 그 생각이 허망하여지며 미련한 마음이 어두워졌나니, 스스로 지혜 있다 하나 어리석게 되어, 썩어지지 아니하는 하나님의 영광을 썩어질 사람과 새와 짐승과 기어다니는 동물 모양의 우상으로 바꾸었느니라. (롬1:21-23)

죄는 믿음으로 하지 아니하는 것

또한 죄는 믿음으로 따라 하지 아니하는 모든 것, 선을 행할 줄 알고도 행치 않는 것, 불법을 행하는 것, 모든 불의한 것 등, 이 모든 것을 일컫습니다.

의심하고 먹는 자는 정죄되었나니, 이는 믿음을 따라 하지 아니하였기 때문이라. 믿음을 따라 하지 아니하는 것은 다 죄니라. (롬14:23)

그러므로 사람이 선을 행할 줄 알고도 행하지 아니하면 죄니라. (약4:17)

죄를 짓는 자마다 불법을 행하나니, 죄는 불법이라. (요일 3:4)

모든 불의가 죄로되 사망에 이르지 아니하는 죄도 있도다. (요일5:17)

죄 가운데 버려두심

하나님께서는 죄 가운데 육체의 욕망을 따라 사는 사람들이 그 더러움에 있도록 그대로 내버려두셨습니다.

하나님께서 그들을 그 마음의 정욕대로 더러움에 살도록 그대로 내버려두심으로, 그들이 몸을 서로 욕되게 사용하도록 하게 하신 것이지요.

그러므로 하나님께서 그들을 마음의 정욕대로 더러움에

내버려 두사 그들의 몸을 서로 욕되게 하셨으니, 이는 그들이 하나님의 진리를 거짓 것으로 바꾸어 피조물을 조물주보다 더 경배하고 섬김이라 주는 곧 영원히 찬송할 이시로다 아멘. (롬1:24-25)

하나님께서 그들을 부끄러운 욕심에 내버려 두심으로, 그들은 순리가 아닌 역리로 쓰며, 더러운 죄의 모습에 빠질 수밖에 없게 될 것입니다.

하나님께서 마음에 하나님 두기를 싫어하는 사람들을 그 상실한 마음대로 내버려두셨기 때문에 올바르지 못한 일을 하게 된 것이지요.

이 때문에 하나님께서 그들을 부끄러운 욕심에 내버려 두셨으니, 곧 그들의 여자들도 순리대로 쓸 것을 바꾸어 역리로 쓰며, 그와 같이 남자들도 순리대로 여자 쓰기를 버리고, 서로 향하여 음욕이 불 일듯 하매, 남자가 남자와 더불어 부끄러운 일을 행하여, 그들의 그릇됨에 상당한 보응을 그들 자신이 받았느니라. (롬1:26-27)

또한 그들이 마음에 하나님 두기를 싫어하매, 하나님께서 그들을 그 상실한 마음대로 내버려 두사 합당하지 못한 일을 하게 하셨으니, 곧 모든 불의, 추악, 탐욕, 악의가 가득한 자요, 시기, 살인, 분쟁, 사기, 악독이 가득한 자요, 수군수군하는 자요, 비방하는 자요, 하나님께서 미워하시는 자요, 능욕하는 자요, 교만한 자요, 자랑하는 자요, 악을 도모하는 자요, 부모를 거역하는 자요, 우매한 자요, 배약하는 자요, 무정한 자요, 무자비한 자라, 그들이 이 같은 일을 행하는 자는 사형에 해당한다고 하나님께서 정하심을 알고도 지기들만 행할 뿐 아니라 또한 그런 일을 행하는 자를 옳다 하느니라. (롬1:28-32)

죄 때문에 모든 사람이 죽음에 이름

결국 아담이 지은 죄 때문에 모든 사람이 죄의 유전을 겪게 되었으며, 모든 사람이 영원한 죽음, 곧 사망에 이를 수밖에 없게 되었습니다.

죄는 욕심으로부터 잉태되었으며, 결국 이 죄 때문에

인간은 죽음을 면하지 못하게 된 것입니다.

　사망이 쏘는 것은 죄요 죄의 권능은 율법이라. (고전15:56)

　욕심이 잉태한즉 죄를 낳고 죄가 장성한즉 사망을 낳느니라. (약1:15)

　우리가 육신에 있을 때에는 율법으로 말미암는 죄의 정욕이 우리 지체 중에 역사하여 우리로 사망을 위하여 열매를 맺게 하였더니 (롬7:5)

4

죄악의 심판과 형벌

죄는 불행하게도 우리에게 심판을 가져옵니다.
우리의 몸속에 흐르는 죄와 우리가 지은 죄 때문에
심판을 받을 수밖에 없고,
이 심판은 바로 사망으로 이어집니다.
이 사망은 영원히 꺼지지 않는 불속에 들어가는
형벌을 피할 수 없게 합니다.
죄의 결과는 무서운 것입니다.
불타는 지옥이 기다리고 있기 때문입니다.

만일 네 손이 너를 범죄하게 하거든 찍어버리라. 장애인으로 영생에 들어가는 것이 두 손을 가지고 지옥 곧 꺼지지 않는 불에 들어가는 것보다 나으니라. 만일 네 발이 너를 범죄하게 하거든 찍어버리라. 다리 저는 자로 영생에 들어가는 것이 두 발을 가지고, 지옥에 던져지는 것보다 나으니라. 만일 네 눈이 너를 범죄하게 하거든 빼버리라. 한 눈으로 하나님의 나라에 들어가는 것이 두 눈을 가지고, 지옥에 던져지는 것보다 나으니라. 거기에서는 구더기도 죽지 않고 불도 꺼지지 아니하느니라. 사람마다 불로써 소금 치듯 함을 받으리라. (막9:43-49)

인간의 죽음 이후

죄로 인하여 죽게 된 인간에게는 사망과 동시에 심판과 형벌이 따르게 됩니다.

인간의 죄의 삯은 사망 곧 죽음으로 아무도 피할 수 없는 심판을 초래하게 된 것이지요.

사람은 누구나 죄 때문에 반드시 죽게 되어 있으며, 육신이 죽은 후에는 심판을 받게 됩니다.

한번 죽는 것은 사람에게 정해진 것이요, 그 후에는 심판이 있으리니 (히9:27)

성경은 '죄의 삯은 사망이라'고 우리에게 전해주고 있습니다.

죄의 삯은 사망이요 (롬6:23)

그러므로 한 사람으로 말미암아 죄가 세상에 들어오고,

죄로 말미암아 사망이 들어왔나니, 이와 같이 모든 사람이 죄를 지었으므로, 사망이 모든 사람에게 이르렀느니라. (롬 5:12)

오직 각 사람이 시험을 받는 것은 자기 욕심에 끌려 미혹 됨이니, 욕심이 잉태한즉 죄를 낳고, 죄가 장성한즉 사망을 낳느니라. (약1:14-15)

또한 성경은 '그날은 어두움이요 빛이 아니라.'고 했습니다.

화있을진저 여호와의 날을 사모하는 자여, 너희가 어찌하여 여호와의 날을 사모하느냐. 그날은 어둠이요, 빛이 아니라 (암5:18)

죄의 심판은 형벌이 따름

죄의 삯인 심판에는 반드시 형벌이 따르기 마련입니다. 성경은 하나님의 심판이 아주 엄중하다는 사실을 기록하고 있습니다. 하나님께 범죄한 사람들은 모두 불과 유황으로 타는 둘째 사망에 들어가게 됩니다.

그러나 두려워하는 자들과 믿지 아니하는 자들과 흉악한 자들과 살인자들과 음행하는 자들과 점술가들과 우상 숭배자들과 거짓말하는 모든 자들은 불과 유황으로 타는 못에 던져지리니, 이것이 둘째 사망이라. (계21:8)

둘째 사망은 악인들을 분리하여 풀무 불에 던져 넣는 것을 말합니다. 이 불은 영원히 꺼지지 않는 불로 바로 지옥의 모습인 것입니다.

죄인들은 이 지옥에 들어갈 수밖에 없습니다.

인자가 그 천사들을 보내리니, 그들이 그 나라에서 모든 넘어지게 하는 것과 또 불법을 행하는 자들을 거두어 내어 풀무 불에 던져 넣으리니, 거기서 울며 이를 갈게 되리라. (마 13:41-42)

세상 끝에도 이러하리라. 천사들이 와서 의인 중에서 악

인을 갈라내어 풀무 불에 던져 넣으리니, 거기서 울며 이를 갈리라. (마13:49-50)

그곳은 구더기도 죽지 않고, 불도 꺼지지 않을 뿐만 아니라, 사람마다 불로써 소금 치듯 함을 받게 된다고 주님께서 분명히 말씀하셨습니다.

거기에서는 구더기도 죽지 않고 불도 꺼지지 아니하느니라. 사람마다 불로써 소금 치듯 함을 받으리라. (막9:48-49)

⑤

예수 그리스도의 오심과 구원의 은혜

예수 그리스도에 대한 이야기를
누군가에게서 들었고,
또 그분을 만났던 이야기를 듣습니다.
예수 그리스도! 그분은 어떤 분일까요?
그분은 이 세상에 왜 오셨을까요?
그리고 그분이 하신 일은 어떤 일들이었을까요?
우리가 믿는 예수님이 우리의 구세주시라면,
그분은 우리에게 어떤 의미가 있을까요?

예수께서 이르시되 내가 곧 길이요 진리요 생명이니, 나로 말미암지 않고는 아버지께로 올 자가 없느니라. (요14:6)

하나님은 한 분이시요 또 하나님과 사람 사이에 중보자도 한 분이시니, 곧 사람이신 그리스도 예수라. (딤전 2:5)

내가 아버지께 구하겠으니, 그가 또 다른 보혜사를 너희에게 주사 영원토록 너희와 함께 있게 하리니, 그는 진리의 영이라. 세상은 능히 그를 받지 못하나니, 이는 그를 보지도 못하고 알지도 못함이라. 그러나 너희는 그를 아나니, 그는 너희와 함께 거하심이요, 또 너희 속에 계시겠음이라. (요 14:16-17)

속죄제물이 되신 예수님

예수님은 우리의 구주(Savior), 우리의 영원한 소망입니다.

예수 그리스도께서 죄인 된 우리를 구원하시기 위하여 이 세상에 오셨습니다.

죄를 지은 사람은 누구든지 자기 자신의 힘으로 구원을 받지 못합니다.

죄인이 된 우리는 누구나 자기 자신의 공로와 행위, 즉 수양이나, 지식, 선행과 같은 일들을 가지고는 결코 구원을 받을 수 없습니다.

오직 하나님의 은혜로만 구원을 받을 수 있는 것입니다.

우리의 죄를 해결해 주시기 위하여 예수 그리스도께서 이 세상에 인간의 몸을 입고 오셨습니다.

죄의 삯은 사망이요 하나님의 은사는 그리스도 예수 우리 주 안에 있는 영생이니라. (롬6:23)

너희는 그 은혜에 의하여 믿음으로 말미암아 구원을 받았으니 이것은 너희에게서 난 것이 아니요 하나님의 선물이라. (엡2:8)

예수님께서는 동정녀의 몸에서 태어나셔서, 우리의 죄를 대속하시기 위하여 친히 십자가 위에서 몸 버려 피 흘리셨습니다.

우리가 짊어져야 할 질고를 대신 짊어지셨으며, 우리의 죄악을 친히 담당하시고, 십자가 위에서 고난을 당하셨습니다.

가시관을 쓰시고, 십자가에 못 박히심으로, 우리의 죄와 죽음을 대신하여 어린 양의 희생제물이 되시어, 십자가 위에서 친히 고난을 받으시며, 죽임을 당하신 것입니다.

예수님께서는 십자가에서 운명하신지 삼 일만에 다시 부활하심으로, 우리에게 영원한 생명과 부활의 소망을 보이셨으며, 부활하신 후에는 하나님의 우편에 앉으심으로, 존귀케 되셨습니다.

우리 그리스도인들은 예수님께서 우리를 위한 십자가 위에서 대속의 죽으심과 부활을 믿습니다. 예수님께서는 하나님의 외 아드님이셨으며, 우리를 위하여 목숨까지 내어 놓으셨습니다.

우리가 짊어져야 할 고통을 대신 당하셨고, 우리 지은 죄를 대속하시기 위하여 친히 하나님께 속죄제와 화목 제물이 되셨습니다.

예수님은 우리의 고난과 질고를 아시고, 우리의 죄악 때문에 친히 우리를 대신하여 십자가 위에서 고난을 당하셨습니다.

예수 그리스도를 믿는 믿음을 허락하심

하나님께서는 우리가 예수 그리스도를 믿는 '믿음'으로 구원을 얻도록 허락하셨습니다.

예수 그리스도께서 우리의 구주가 된다는 이 사실을 믿는 '믿음'만이 우리를 죄에서 건져내게 하고, 구원을 받게 합니다.

하나님의 선물인 예수 그리스도를 믿는 '믿음'으로 구원을 받게 하심으로, 우리의 '구원 받음'이 우리의 힘으로 된 것이 아님을 알게 하셨습니다. 우리의 '구원 받음'에 대하여 우리 스스로 이루었다고 자랑을 하지 못하게 하신 것입니다.

예수 그리스도께서 우리를 죄에서 구해 내시기 위하여 십자가 위에서 우리를 대신하여 대속의 죽음을 죽으셨다는, 이 사실을 믿는 '믿음'만이 우리를 죄에서 건져내며 구원을 받게 합니다.

예수 그리스도의 대속의 사랑과 은혜를 믿음으로 받아들일 때만 우리가 구원을 받게 되고, 영생의 길에 들어설 수 있게 되는 말입니다.

우리는 예수 그리스도께서 나를 죄와 죽음에서 건져내시기 위하여 십자가 위에서 보배 피를 흘리시며, 대신 죽으셨다는 사실을 분명하게 믿어야 합니다. 그래야만 구원을 받습니다.

이것이 기독교의 근본적인 교리이며 교훈입니다.

너희는 그 은혜에 의하여 믿음으로 말미암아 구원을 받았으니 이것은 너희에게서 난 것이 아니요 하나님의 선물이라. 행위에서 난 것이 아니니 이는 누구든지 자랑하지 못하게 함이라. (엡2:8-9)

또 어려서부터 성경을 알았나니 성경은 능히 너로 하여금 그리스도 예수 안에 있는 믿음으로 말미암아 구원에 이르는 지혜가 있게 하느니라. (딤후3:15)

예수를 너희가 보지 못하였으나 사랑하는도다. 이제도 보지 못하나 믿고 말할 수 없는 영광스러운 즐거움으로 기뻐하니 믿음의 결국 곧 영혼의 구원을 받음이라. (벧전1:8-9)

구원의 길이신 예수 그리스도

하나님께서 그분의 외 아드님, 독생자 예수 그리스도를 이 땅에 보내신 것은 그분께서 우리 인생을 극진히 사랑하셨기 때문입니다.

하나님이 세상을 이처럼 사랑하사 독생자를 주셨으니 이는 그를 믿는 자마다 멸망하지 않고 영생을 얻게 하려 하심이라. (요3:16)

하나님이 약속하신대로 이 사람의 후손에서 이스라엘을 위하여 구주를 세우셨으니 곧 예수라. (행13:23)

이와 같이 그리스도도 많은 사람의 죄를 담당하시려고 단번에 드리신 바 되셨고, 구원에 이르게 하기 위하여 죄와

상관 없이 자기를 바라는 자들에게 두 번째 나타나시리라. (히9:28)

하나님께서 예수 그리스도를 보내심으로 이 세상에 구원과 영생의 길을 열어놓으셨습니다.

하나님께서 그분의 외아들을 세상에 보내신 것은 이 세상을 심판하려 하심이 아니라 이 세상을 구원하시기 위함이셨습니다.

우리를 죄에서 구해 내실 분은 오직 예수 그리스도 한 분뿐이십니다.

아들을 낳으리니 이름을 예수라 하라. 이는 그가 자기 백성을 그들의 죄에서 구원할 자이심이라 하니라. (마1:21)

하나님이 그 아들을 세상에 보내신 것은 세상을 심판하려 하심이 아니요 그로 말미암아 세상이 구원을 받게 하려 하심이라. (요3:17)

미쁘다 모든 사람이 받을 만한 이 말이여 그리스도 예수께서 죄인을 구원하시려고 세상에 임하셨다 하였도다. (딤전 1:15)

예수님은 우리에게 진리와 생명의 구주(Savior)이십니다. 천국 가는 길, 영생의 길은 오직 그분 한 분뿐임을 우리는 알아야 합니다.

주님께서는 이 땅에 계시던 공생애 기간 동안, 예수님만이 구원의 길이란 사실을 분명하게 제자들에게 교훈으로 말씀하셨습니다.

내가 문이니 누구든지 나로 말미암아 들어가면 구원을 받고 또는 들어가며 나오며 꼴을 얻으리라. (요10:9)

예수님께서 이르시되 내가 곧 길이요 진리요 생명이니 나로 말미암지 않고는 아버지께로 올 자가 없느니라. (요14:6)

다른 이로써는 구원을 받을 수 없나니 천하 사람 중에 구원을 받을 만한 다른 이름을 우리에게 주신 일이 없음이라

하였더라. (행4:12)

속죄의 길

속죄의 방법은 우리의 죄악을 회개하고, 예수님을 온전히 나의 구주로 모셔 들이는 것입니다.

우리가 구원을 받으려면, 우리가 지은 죄를 회개하고, 예수 그리스도, 그분이 우리를 구원하실 주님이시란 사실을 먼저 믿고 고백해야만 합니다.

영생의 길이시며, 구원의 길이 되신 예수 그리스도를 주님으로 모셔 들이기 위해서는 우리 자신이 하나님께 지은 죄를 분명히 회개해야만 합니다.

이 회개와 동시에 예수님이 우리의 구속주(Redeemer)이시란 사실을 온전히 믿고 고백함으로써 구원을 받게 되는 것입니다.

너희가 회개하여 각각 예수 그리스도의 이름으로 세례를 받고 죄 사함을 받으라. 그리하면 성령의 선물을 받으리니 (행2:38)

다른 이로써는 구원을 받을 수 없나니 천하 사람 중에 구원을 받을 만한 다른 이름을 우리에게 주신 일이 없음이라 하였더라. (행4:12)

주 예수를 믿으라. 그리하면 너와 네 집이 구원을 받으리라. (행16:31)

네가 만일 네 입으로 예수를 주로 시인하며, 또 하나님께서 그를 죽은 자 가운데서 살리신 것을 네 마음에 믿으면 구원을 받으리라. 사람이 마음으로 믿어 의에 이르고, 입으로 시인하여 구원에 이르느니라. (롬10:9-10)

누구든지 주의 이름을 부르는 자는 구원을 받으리라. (롬10:13)

우리가 주님께 나아가는 길은 과거의 잘못을 뉘우치

고 회개하는 것입니다.

우리가 하나님 앞에 나아가 과거의 잘못을 온전히 자백하고 회개하면, 주님께서 우리의 죄를 사하여 주실 것이며, 모든 불의에서 예수 그리스도의 피로 우리를 깨끗하게 씻겨 주실 것입니다.

그러므로 너희가 회개하고 돌이켜 너희 죄 없이 함을 받으라 이같이 하면 새롭게 되는 날이 주 앞으로부터 이를 것이요 또 주께서 너희를 위하여 예정하신 그리스도 곧 예수를 보내시리니 하나님이 영원 전부터 거룩한 선지자들의 입을 통하여 말씀하신 바 만물을 회복하실 때까지는 하늘이 마땅히 그를 받아 두리라. (행3:19-21)

만일 우리가 우리 죄를 자백하면 그는 미쁘시고 의로우사 우리 죄를 사하시며 우리를 모든 불의에서 깨끗하게 하실 것이요. (요일1:9)

우리는 예수님께로 나아가 그분의 말씀을 지키며 순종하여야 합니다.

우리가 예수님께 나아가면 우리를 눈과 같이 깨끗하게 하실 것이며, 우리가 그분의 말씀을 지키고 믿으면, 분명히 우리를 구원하여 주실 것입니다. 우리를 구원하실 분은 오직 예수 그리스도 한 분뿐입니다.

여호와께서 말씀하시되 오라 우리가 서로 변론하자 너희의 죄가 주홍 같을지라도 눈과 같이 희어질 것이요, 진홍 같이 붉을지라도 양털같이 희게 되리라. (사1:18)

너희가 만일 내가 전한 그 말을 굳게 지키고 헛되이 믿지 아니하였으면, 그로 말미암아 구원을 얻으리라. (고전15:2)

중보자 되신 예수 그리스도

예수님께서 하나님과 우리 인간 사이에 중보자가 되셨습니다.

예수님께서 화목제물이 되어 우리의 죄를 대신하여 십자가 위에서 고난을 받으심으로 하나님과 사람 사이의 중보자가 되셨습니다.

주님께서는 우리의 죄를 대속하기 위한 화목제물로 죽임을 당하신 후, 십자가 위에서 돌아가신 지 사흘 만에 다시 부활하심으로, 우리에게 영생이 있음을 확실히 증거하여 주셨습니다.

내가 받은 것을 먼저 너희에게 전하였노니, 이는 성경대로 그리스도께서 우리 죄를 위하여 죽으시고 장사 지낸 바 되셨다가, 성경대로 사흘 만에 다시 살아나사 게바(베드로)에게 보이시고, 후에 열두 제자에게와 그 후에 오백여 형제에게 일시에 보이셨나니, 그 중에 지금까지 대다수는 살아 있고 어떤 사람은 잠들었으며 (고전15:3-6)

하나님은 한 분이시요, 또 하나님과 사람사이에 중보자도 한 분이시니, 곧 사람이신 그리스도 예수라. (딤전2:5)

그리스도께서도 단번에 죄를 위하여 죽으사 의인으로서 불의한 자를 대신하셨으니, 이는 우리를 하나님 앞으로 인도하려 하심이라. 육체로는 죽임을 당하시고 영으로는 살리

심을 받으셨으니 (벧전3:18)

예수님께서 십자가에서 피 흘리심은 우리의 죄를 대신 짊어지시고 우리의 죄를 대속하기 위함이었습니다.

예수님께서 어린 양, 속죄의 제물로 그분의 몸을 친히 드리심으로 우리가 나음을 입게 되었습니다.

그가 찔림은 우리의 허물 때문이요, 그가 상함은 우리의 죄악 때문이라. 그가 징계를 받음으로 우리는 평화를 누리고, 그가 채찍에 맞음으로 우리는 나음을 받았도다. (사53:5)

친히 나무에 달려 그 몸으로 우리 죄를 담당하셨으니, 이는 우리로 죄에 대하여 죽고 의에 대하여 살게 하려 하심이라. 그가 채찍에 맞음으로 너희는 나음을 얻었나니, 너희가 전에는 양과 같이 길을 잃었더니, 이제는 너희 영혼의 목자와 감독되신 이에게 돌아왔느니라. (벧전2:24-25)

독생자 예수 그리스도를 보내신 하나님의 사랑을 믿으며, 예수 그리스도의 대속의 죽으심을 믿는다면, 영생을 얻게 되고, 심판에서 벗어나 사망에서 생명으로 옮겨지게 될 것입니다.

주는 그리스도시요 살아계신 하나님의 아들이시니이다.
(마16:16)

영접하는 자 곧 그 이름을 믿는 자들에게는 하나님의 자녀가 되는 권세를 주셨으니 (요1:12)

말씀이 육신이 되어 우리 가운데 거하시매 우리가 그의 영광을 보니 아버지의 독생자의 영광이요 은혜와 진리가 충만하더라. (요1:14)

내가 진실로 진실로 너희에게 이르노니 내 말을 듣고 또 나 보내신 이를 믿는 자는 영생을 얻었고, 심판에 이르지 아니하나니, 사망에서 생명으로 옮겼느니라. 진실로 진실로 너희에게 이르노니 죽은 자들이 하나님의 아들의 음성을 들을 때가 오나니 곧 이때라. 듣는 자는 살아나리라. (요5:24-25)

성령님의 도우심

예수님을 믿는 사람들에게는 예수님뿐만 아니라, 예수님의 이름으로 오시는 성령님(Holy Spirit)께서 함께하십니다.

예수님께서 함께 계시고, 보혜사(Counselor) 성령님을 보내셔서, 바로 지금 우리의 믿음을 도와주시게 됩니다.

볼지어다. 내가 세상 끝 날까지 너희와 항상 함께 있으리라. (마28:20)

내가 아버지께 구하겠으니 그가 또 다른 보혜사를 너희에게 주사 영원토록 너희와 함께 있게 하리니, 그는 진리의 영이라. 세상은 능히 그를 받지 못하나니, 이는 그를 보지도 못하고 알지도 못함이라. 그러나 너희는 그를 아나니 그는 너희와 함께 거하심이요 또 너희 속에 계시겠음이라. (요14:16-17)

거룩하신 아버지 하나님께로부터 오시는 진리의 성령

님은 예수님과 전혀 다르지 않은 그 성품이 예수님과 똑같으신 사랑의 하나님이십니다.

진리의 성령이 오시면 그가 너희를 모든 진리 가운데로 인도하시리니, 그가 스스로 말하지 않고, 오직 들은 것을 말하며, 장래 일을 너희에게 알리시리라. (요16:13)

이 말씀을 하시고 그들을 향하사 숨을 내쉬며 이르시되, 성령을 받으라. 너희가 누구의 죄든지 사하면 사하여질 것이요, 누구의 죄든지 그대로 두면 그대로 있으리라 하시니라. (요20:22-23)

그러므로 형제들아 우리가 빚진 자로되 육신에 져서 육신대로 살 것이 아니니라. 너희가 육신대로 살면 반드시 죽을 것이로되, 영으로써 몸의 행실을 죽이면 살리니 무릇 하나님의 영으로 인도함을 받는 사람은 곧 하나님의 아들이라. 너희는 다시 무서워하는 종의 영을 받지 아니하고, 양자의 영을 받았으므로 우리가 아빠, 아버지라고 부르짖느니라. 성령이 친히 우리 영과 더불어 우리가 하나님의 자녀인 것을 증언하시나니, 자녀이면 또한 상속자 곧 하나님의 상속자요,

그리스도와 함께 한 상속자니 우리가 그와 함께 영광을 받기 위하여 고난도 함께 받아야 할 것이니라. (롬8:12-17)

그 날에는 내가 아버지 안에, 너희가 내 안에, 내가 너희 안에 있는 것을 너희가 알리라. 나의 계명을 지키는 자라야 나를 사랑하는 자니, 나를 사랑하는 자는 내 아버지께 사랑을 받을 것이요, 나도 그를 사랑하여 그에게 나를 나타내리라. (요14:20-21)

보혜사 곧 아버지께서 내 이름으로 보내실 성령, 그가 너희에게 모든 것을 가르치고, 내가 너희에게 말한 모든 것을 생각나게 하리라. (요14:26)

보혜사 성령님의 감동이 없이는 아무도 예수 그리스도를 내 생명의 구주로 시인할 수 없습니다.

그러므로 내가 너희에게 알리노니, 하나님의 영으로 말하는 자는 누구든지 예수를 저주할 자라 하지 아니하고, 또 성령으로 아니하고는 누구든지 예수를 주시라 할 수 없느니라. (고전12:3)

따라서 우리는 예수님의 이름으로 세례를 받고 죄 사함을 받아야만 합니다.

우리가 예수 그리스도의 이름으로 세례를 받고 죄 사함을 받으면, 아버지 하나님께로부터 예수님의 이름으로 내주하시는 성령님께서 오셔서 늘 함께하십니다.

성령님께서는 우리에게 오셔서 친히 우리 안에 거하시며, 우리에게 예수님에 대하여 온전히 증거하여 주실 것입니다.

내가 아버지께로서 너희에게 보낼 보혜사 곧 아버지께로부터 나오시는 진리의 성령이 오실 때에 그가 나를 증언하실 것이요 너희도 처음부터 나와 함께 있었으므로 증언하느니라. (요15:26-27)

너희가 회개하여 각각 예수 그리스도의 이름으로 세례를 받고 죄 사함을 받으라. 그리하면 성령을 선물로 받으리니, 이 약속은 너희와 너희 자녀와 모든 먼 데 사람 곧 주 우리 하나님이 얼마든지 부르시는 자들에게 하신 것이라. (행

2:38-39)

너희가 만일 성령의 인도하시는 바가 되면 율법 아래에 있지 아니하리라. (갈5:18)

하나님께서는 우리가 연약하다는 사실을 미리 다 아시고, 우리에게 보혜사(Counselor, 우리를 도우시는 분) 성령님을 보내시어 우리를 도우시는 것입니다.

보혜사 성령님의 감동이 없이는 예수 그리스도를 나의 생명의 구주(Savior)로 시인할 수 없습니다.

그러므로 내가 너희에게 알리노니 하나님의 영으로 말하는 자는 누구든지 예수를 저주할 자라 하지 아니하고 또 성령으로 아니하고는 누구든지 예수를 주시라 할 수 없느니라. (고전12:3)

지금 이 시간 성령님께서 말씀하시고 계실 때, 여러분의 마음의 문을 열고, 예수 그리스도를 '나를 구원하신 주님', 즉 '나의 주님, 나의 하나님'으로 모셔 들이시기 바랍니다.

성령님께서 우리가 예수님과 함께 살아갈 수 있도록 우리와 친히 함께 하시고, 우리의 갈 길을 인도하며 안내해 주실 것입니다.

이와 같이 성령도 우리의 연약함을 도우시나니, 우리는 마땅히 기도할 바를 알지 못하나, 오직 성령이 말할 수 없는 탄식으로 우리를 위하여 친히 간구하시느니라. (롬8:26)

그러므로 내가 너희에게 알리노니 하나님의 영으로 말하는 자는 누구든지 예수를 저주할 자라 하지 아니하고, 또 성령으로 아니하고는 누구든지 예수를 주시라 할 수 없느니라. (고전12:3)

볼지어다 내가 문 밖에 서서 두드리노니 누구든지 내 음성을 듣고 문을 열면, 내가 그에게로 들어가 그와 더불어 먹고, 그는 나와 더불어 먹으리라. (계3:20)

6

죄 사함과 영생의 축복

우리의 죄를 사함 받을 수 있는 비결이 있다면
이 보다 더 큰 기쁨과 축복이 있을 수 있을까요?
우리는 죄인일 수밖에 없고,
우리를 구속해주시기 위하여
예수 그리스도께서 이 땅에 오셨음을 이미 확인하였습니다.
예수 그리스도를 믿음으로 얻게 되는 축복이
죄 사함과 영생이라면,
이렇게 쉬운 길을 마다할 수 있을까요.
죄를 사함 받는 비결을 알아봅니다.

이것은 죄 사함을 얻게 하려고 많은 사람을 위하여 흘리는 바 나의 피 곧 언약의 피니라. (마 26:28)

하나님이 세상을 이처럼 사랑하사 독생자를 주셨으니 이는 그를 믿는 자마다 멸망하지 않고 영생을 얻게 하려 하심이라. (요3:16)

죄 사함의 복

예수님을 믿으면 죄 사함의 복을 얻게 됩니다. 이보다 더 크고 복된 소식이 있겠습니까?

그래서 우리는 예수 그리스도를 복음(Gospel)이라고 이야기합니다.

우리는 바로 지금 이 순간 예수 그리스도를 믿음으로 구속, 곧 죄 사함을 얻게 됩니다.

우리에게 이보다 더 좋은 소식이 있을 수 있겠습니까?

그 아들 안에서 우리가 속량 곧 죄 사함을 얻었도다. (골 1:14)

예수 그리스도를 믿는다는 것은 예수 그리스도를 주님으로 영접한다는 것이요, 하나님께서 보내신 예수 그리스도를 믿는다는 것은 예수 그리스도를 '나의 주, 나의 하나님'으로 받아들인다는 것을 의미합니다.

하나님을 영접하는 자, 곧 하나님의 독생자 예수 그리스도의 이름을 믿는 자들에게는 하나님의 자녀가 되는 권세를 허락하십니다.

영접하는 자 곧 그 이름을 믿는 자들에게는 하나님의 자녀가 되는 권세를 주셨으니, 이는 혈통으로나 육정으로나 사람의 뜻으로 나지 아니하고, 오직 하나님께로부터 난 자들이니라. (요1:12-13)

믿음의 선물

구원의 은총은 우리의 구원을 이루신 하나님께서 우리에게 믿음을 선물로 주시기 때문에 가능한 것입니다.

즉 구원은 우리 힘으로 된 것이 아니라 오직 하나님의 은혜로 된 것이며, 오직 하나님의 선물로 주어진 것입니다.

너희는 그 은혜에 의하여 믿음으로 말미암아 구원을 받

았으니 이것은 너희에게서 난 것이 아니요 하나님의 선물이라. 행위에서 난 것이 아니니 이는 누구든지 자랑하지 못하게 함이라. (엡2:8-9)

예수님을 믿으면 영원한 생명을 얻는 복을 누리게 됩니다.

예수 그리스도를 믿는 사람들은 영생을 보게 될 것입니다.

아들을 믿는 자에게는 영생이 있고, 아들에게 순종하지 아니하는 자는 영생을 보지 못하고 도리어 하나님의 진노가 그 위에 머물러 있느니라. (요3:36)

천국의 소망

또한 세상의 종말의 날에 예수 그리스도께서 심판의 주님이 되시어 산 자와 죽은 자를 심판하러 이 땅에 다시 오심을 보게 될 것입니다.

하나님의 말씀을 듣고 예수 그리스도를 구주로 영접한 자는 영생을 얻은 사람이 되어 심판에 이르지 않게 되고, 생명을 얻을 뿐만 아니라 영원한 천국에 들어가는 복을 누리게 되는 것입니다.

영원한 생명을 얻어 천국에 들어가는 것은 우리 그리스도인들의 소망입니다.

이 소망을 가짐은 예수 그리스도께서 우리에게 부활과 영생이 있음을 분명하게 말씀해 주셨기 때문입니다.

모든 것을 들여 천국을 얻는 기쁨은 그 어떤 것에도 비교할 수 없을 것입니다.

내가 진실로 진실로 너희에게 이르노니 내 말을 듣고 또 나 보내신 이를 믿는 자는 영생을 얻었고 심판에 이르지 아니하나니 사망에서 생명으로 옮겼느니라. (요5:24)

예수께서 가라사대 나는 부활이요 생명이니 나를 믿는 자는 죽어도 살겠고, 무릇 살아서 나를 믿는 자는 영원히

죽지 아니하리니 이것을 네가 믿느냐? (요11:25-26)

천국은 마치 밭에 감추인 보화와 같으니 사람이 이를 발견한 후 숨겨 두고 기뻐하며 돌아가서 자기의 소유를 다 팔아 그 밭을 사느니라. (마13:44)

믿음의 사람들은 주님께서 다시 오실 때에도 항상 주님과 함께 있는 기쁨을 누리게 될 것입니다.

주께서 호령과 천사장의 소리와 하나님의 나팔 소리로 친히 하늘로부터 강림하시리니 그리스도 안에서 죽은 자들이 먼저 일어나고, 그 후에 우리 살아남은 자들도 그들과 함께 구름 속으로 끌어 올려 공중에서 주를 영접하게 하시리니 그리하여 우리가 항상 주와 함께 있으리라. (살전4:16-17)

복된 삶

예수 그리스도를 믿은 이후, 그리스도인들이 얻게 되는 삶의 모습은 예수 그리스도 안에서의 복된 삶입니다.

이 복된 삶의 모습은 예수님께서 다시 오심을 기다리며, 우리가 죽은 이후에도 천국에서 영원히 주님과 함께 있는 기쁨을 누릴 것을 기대하며 사는 삶입니다.

그곳에서는 주님께서 친히 눈물을 닦아주시며 우리를 위로해 주실 것이기 때문입니다. 그리스도인들은 이 사실을 믿음으로 기다리며 살아가는 것입니다.

이는 보좌 가운데에 계신 어린 양이 그들의 목자가 되사 생명수 샘으로 인도하시고 하나님께서 그들의 눈에서 모든 눈물을 씻어 주실 것임이라. (계7:17)

모든 눈물을 그 눈에서 닦아 주시니 다시는 사망이 없고 애통하는 것이나 곡하는 것이나 아픈 것이 다시 있지 아니하리니 처음 것들이 다 지나갔음이러라. (계21:4)

⑦

예수님을 섬기는 삶으로의 변화

누군가 커다란 빚을 탕감해 주었다면,
빚을 탕감해 준 그분을 위해 우리는 무엇을 하게 될까요?
우리의 빚을 탕감해 주신 분이 바로 예수님이시라면,
그리고 우리를 죽음에서 건지시고
구원의 길을 열어주신 분이 예수님이시라면,
우리는 어떻게 주님을 섬기게 될까요?
우리의 죄를 사해 주셨다는 사실 때문에
우리의 삶은 주님을 위한 삶으로 변화하게 될 것입니다.

　예수께서 이르시되 네 마음을 다하고 목숨을 다하고 뜻을 다하여 주 너의 하나님을 사랑하라 하셨으니, 이것이 크고 첫째 되는 계명이요, 둘째도 그와 같으니 네 이웃을 네 자신 같이 사랑하라 하셨으니, 이 두 계명이 온 율법과 선지자의 강령이니라. (마22:37-40)

온유와 겸손의 삶

예수님을 믿고 나면 우리는 어떻게 살게 될까요? 어떻게 사는 것이 그리스도인의 삶일까요?

예수님을 믿는 성도들은 예수님께서 걸어가신 십자가의 길을 걸으며, 그분께서 지신 온유와 겸손의 십자가의 멍에를 메고 살아가야 합니다. 그렇게 하면 예수님 안에서 평안을 누리게 될 것입니다.

예수님께서는 "수고하고 무거운 짐 진 자들아 다 내게로 오라. 내가 너희를 쉬게 하리라."하고 말씀하셨습니다.

수고하고 무거운 짐 진 자들아 다 내게로 오라 내가 너희를 쉬게 하리라. (마11:28)

예수님께서는 우리에게 '온유'와 '겸손'으로 예수님의 십자가를 지고 따르라고 말씀하십니다.

우리가 예수님의 온유와 겸손의 십자가를 지고 주님을 따른다면, 우리의 마음은 이 세상의 무거운 죄의 짐의 속박으로부터 벗어나 평안하고도 복된 삶을 누리며 살게 될 것입니다.

주님 안에서 이제는 편안한 쉼을 얻고 복된 삶을 누리게 될 것입니다.

나는 마음이 온유하고 겸손하니 나의 멍에를 메고 내게 배우라. 그리하면 너희 마음이 쉼을 얻으리니 이는 내 멍에는 쉽고 내 짐은 가벼움이라 하시니라. (마11:29-30)

경건하게 주님을 기다리는 삶

예수 그리스도를 믿는 우리는 항상 깨어 기도하며, 미래를 준비하며 경건함으로 이 세상을 살아가야 합니다.

주님께서는 우리에게 언제 오실는지 우리 자신이 알 수 없기 때문에 항상 "깨어 있으라" 하고 말씀하셨습니다.

그러므로 깨어 있으라. 어느 날에 너희 주가 임할는지 너희가 알지 못함이니라. (마24:42)

주님께서 '도적 같이 생각지 않은 때'에 오신다, 고 하셨으므로, 우리는 항상 주님께서 다시 오실 때를 깨어 기다리며, 어느 때나 미래를 준비하는 삶을 살아야겠습니다.

너희도 아는 바니 만일 집 주인이 도둑이 어느 시각에 올 줄을 알았더라면, 깨어 있어 그 집을 뚫지 못하게 하였으리라. 이러므로 너희도 준비하고 있으라. 생각하지 않은 때에 인자가 오리라. (마24:43-44)

천국에 대한 소망의 삶

우리는 우리의 크신 하나님 예수 그리스도의 영광의 나타나심을 기다리며, 이 세상의 정욕에 빠지지 말고, 신중하고도 경건하며, 의롭고도 올바른 삶을 살아야 할 것입니다.

복된 소망을 가진 삶을 사는 그리스도인들의 경건한 삶의 모습은 주님께서 우리 그리스도인들에게 바라시는 거룩하고도 성결한 삶의 바람직한 모습이기도 합니다.

모든 사람에게 구원을 주시는 하나님의 은혜가 나타나 우리를 양육하시되, 경건하지 않은 것과 이 세상 정욕을 다 버리고 신중함과 의로움과 경건함으로 이 세상에 살고, 복스러운 소망과 우리의 크신 하나님 구주 예수 그리스도의 영광이 나타나심을 기다리게 하셨으니, 그가 우리를 대신하여 자신을 주심은 모든 불법에서 우리를 속량하시고, 우리를 깨끗하게 하사 선한 일을 열심히 하는 자기 백성이 되게 하려 하심이라. (딛2:11-14)

성령님의 열매 맺는 삶

우리는 또한 예수님 안에서 성령님의 열매를 맺는 생활을 하여야 합니다.

예수님께서는 주님을 믿는 우리가 성령님의 열매를 맺

기를 원하시고 계시기 때문입니다.

성령님의 열매는 나 자신뿐만 아니라 우리의 교회와 우리의 이웃 사람들에게 덕을 끼치게 할 것입니다.

오직 성령의 열매는 사랑과 희락과 화평과 오래 참음과 자비와 양선과 충성과 온유와 절제니 이 같은 것을 금지할 법이 없느니라. (갈5:22-23)

사랑을 실천하는 삶

그리스도인은 사랑을 공급하는 생활을 하여야 합니다. 사랑은 세상에서 썩어질 것을 피하여 하나님의 성품을 닮아가는 생활입니다.

이로써 그 보배롭고 지극히 큰 약속을 우리에게 주사 이 약속으로 말미암아 너희가 정욕 때문에 세상에서 썩어질 것을 피하여 신성한 성품에 참여하는 자가 되게 하려 하셨느니라. 그러므로 너희가 더욱 힘써 너희 믿음에 덕을, 덕에 지식을. 지식에 절제를, 절제에 인내를, 인내에 경건을, 경건에 형제 우애를, 형제 우애에 사랑을 더하라. (벧후1:4-7)

이 사랑은 참으로 위대한 것이며, 제일 좋은 길입니다. 바로 이러한 사랑이 예수 그리스도를 닮아가는 그리스도인의 삶의 정신인 것입니다.

사랑은 오래 참고 사랑은 온유하며, 시기하지 아니하며, 사랑은 자랑하지 아니하며, 교만하지 아니하며, 무례히 행하지 아니하며, 자기의 유익을 구하지 아니하며, 성내지 아니하며, 악한 것을 생각하지 아니하며, 불의를 기뻐하지 아니하며, 진리와 함께 기뻐하고, 모든 것을 참으며, 모든 것을 믿으며, 모든 것을 바라며, 모든 것을 견디느니라. (고전13:4-7)

우리 주 예수 그리스도를 믿으며 사는 우리는, 우리가 받은 복음을 분명하게 전하며 살아야 합니다. 예수님께서는 "너희는 가서 모든 민족을 제자로 삼아 아버지와 아들과 성령의 이름으로 세례를 베풀고 내가 너희에게 분부한 모든 것을 가르쳐 지키게 하라"(마28:19-20)라고 말씀하셨습니다.

경건한 삶의 실천과 전도하는 생활

하나님의 말씀을 준행하기 위해서는 매일 성경말씀을 읽으며, 기도하며, 인내하며, 주님께서 다시 오시는 그날까지 그리스도의 본을 보이며, 덕을 쌓으며, 복음을 전하며, 의로움과 경건함으로, 굳건한 믿음을 쌓아가는 생활을 하여야 합니다. (롬15:30, 고전11:26 딤후3:15-17, 딛2:12-14, 히10:23,36)

믿음은 들어야만 얻을 수 있는 것이기 때문에 주님께서 우리들에게 가르쳐주신 그분의 말씀을 전하며 살아야 합니다.

예수 그리스도를 믿은 이후의 그리스도인의 삶의 모습은 궁극적으로 복음을 전하며 사는 생활입니다.

그러므로 믿음은 들음에서 나며 들음은 그리스도의 말씀으로 말미암았느니라. (롬10:17)

결론 - 하나님을 경외하는 삶

결론적으로 하나님을 경외하는 삶이 행복입니다.

하나님을 경외하는 것이 모든 지식의 근본이며, 주님을 의지하는 사람들이 복을 받게 되는 비결입니다.

예수님께서 이 세상에 인간의 몸을 입고 오시기 이전에도 하나님께서 구약성경을 통하여 끊임없이 우리에게 교훈하시던 말씀입니다.

여호와를 의지하는 것이 지식의 근본이거늘 미련한 자는 지혜와 훈계를 멸시하느니라. (잠1:7)

삼가 말씀에 주의하는 자는 좋은 것을 얻나니 여호와를 의지하는 자는 복이 있느니라. (잠16:20)

네 마음으로 죄인의 형통을 부러워하지 말고 항상 여호와를 경외하라. (잠23:17)

하나님을 경외함의 보상은 재물과 영광과 생명입니다.

공의와 인자를 따라 구하는 자는 생명과 공의와 영광을 얻느니라. (잠21:21)

겸손과 여호와를 경외함의 보상은 재물과 영광과 생명이니라. (잠22:4)

하나님을 사랑하는 사람들은 영원한 의와 존귀와 부귀를 주님과 함께 영원히 누리게 될 것입니다.

나를 사랑하는 자들이 나의 사랑을 입으며, 나를 간절히 찾는 자가 나를 만날 것이니라. 부귀가 내게 있고, 장구한 재물과 공의도 그러하니라. 내 열매는 금이나 정금보다 나으며, 내 소득은 순은 보다 나으니라. 나는 정의로운 길로 행하며, 공의로운 길 가운데로 다니나니 이는 나를 사랑하는 자가 재물을 얻어서 그 곳간에 채우게 하려 함이니라. (잠 8:17-21)

8

예배드리는 생활과
그리스도 안에서의 교제

교회는 예수님을 믿는 믿음의 사람들의 공동체를 일컫습니다.
성도들은 교회를 통하여 그리스도인들과 함께 교제를 나누며,
믿음을 굳건하게 세워가게 됩니다.
교회는 믿음의 덕을 세우고,
하나님께 예배를 드리며,
주님께 기도를 드리는 장소를 가리키는 말이기도 합니다.
믿음을 얻는 것도
이 교회 공동체를 통하여 얻어지는 것입니다.
그래서 성도들에게 교회의 생활이 중요하게 느껴지는 것입니다.

　아버지께 참되게 예배하는 자들은 영과 진리로 예배할 때
가 오나니 곧 이 때라 아버지께서는 자기에게 이렇게 예배하
는 자들을 찾으시느니라.
　하나님은 영이시니 예배하는 자가 영과 진리로 예배할지
니라. (요4:23-24)

교회는 예배의 공동체

예수 그리스도를 의지하는 성도들은 교회에 출석하며, 함께 모여 하나님께 예배를 드립니다.

교회는 예수님을 구주로 영접하고 시인한 사람들, 즉 성도들이 모여 하나님께 예배드리는 공동체를 의미하며, 공동체의 처소를 말하기도 합니다.

교회의 예배는 온전히 하나님께 드려지며, 예배의 순서는 기도와 찬송, 설교 그리고 헌금 등으로 지켜집니다. 이 예배의 예전은 초대 교회부터 지켜져 온 것입니다.

예수님의 몸 된 교회는 그분께서 함께 하시고, 감찰하시며, 징계를 내리시기도 하십니다. 또한 우리의 신앙을 바라보고 경책하는 곳이기도 합니다.

교회는 믿음을 양육하며, 영원한 생명을 사는 길로 우리를 인도해 줄 것입니다. 이 교회는 세상 끝 날까지 있게 될 것이며, 인류 종말의 날을 지나 하늘의 천국에서도 온전히 그대로 보존될 것입니다.

우리가 예수님을 믿은 이후, 교회 안에서의 삶은 기도와 전도와 성도가 서로 교제하는 생활로 이루어집니다.

예수님을 따르는 그리스도인들은 온전한 믿음의 생활을 실천하며 살아가야 합니다.

기도하는 생활

첫째, 늘 기도하는 생활을 하게 됩니다.

기도의 대상은 목회자와 교회와 가정, 그리고 모든 것들을 위하여 기도하는 것입니다.

기도하는 생활을 계속하는 것은 신앙생활을 유지하는데 큰 유익을 가져다줍니다.

이러므로 너희는 장차 올 이 모든 일을 능히 피하고 인자

앞에 서도록 항상 기도하며 깨어 있으라 하시니라. (눅21:36)

모든 기도와 간구를 하되 항상 성령 안에서 기도하고 이를 위하여 깨어 구하기를 항상 힘쓰며 여러 성도를 위하여 구하라. (엡6:18)

기도를 계속하고 기도에 감사함으로 깨어 있으라. (골4:2)

복음을 전하는 생활

둘째, 복음을 전하는 생활을 하게 됩니다.

복음은 내 이웃뿐만 아니라, 하나님을 알지 못하는 다른 민족까지도 구원을 얻게 하는 유익이 있습니다.

그러므로 너희는 가서 모든 민족을 제자로 삼아 아버지와 아들과 성령의 이름으로 세례를 베풀고, 내가 너희에게 분부한 모든 것을 가르쳐 지키게 하라 볼지어다 내가 세상 끝 날까지 너희와 항상 함께 있으리라 하시니라. (마28:19-20)

너는 말씀을 전파하라 때를 얻든지 못 얻든지 항상 힘쓰
라 범사에 오래 참음과 가르침으로 경책하며 경계하며 권
하라. (딤후4:2)

성도와 교제하는 생활

셋째, 성도와 교제하는 생활을 하게 됩니다.

성도간의 교제는 그리스도 안에서 평안과 기쁨을 가
져다 줄 것입니다.

믿음의 사람들이 성도들과 서로 교제를 나눌 때는 그
리스도 안에서 올바른 믿음과 덕으로 이루어가야 합니
다.

성도의 교제는 반드시 예수 그리스도 안에서 이루어
져야 하는 것입니다.

그리스도인의 교제는 예수 그리스도 안에서 나눔입니

다. 서로 권면하며, 격려하며, 서로 위하여 기도해 주는 것입니다.

올바른 믿음의 교제는 성도 여러분의 마음을 기쁘게 하며, 믿음의 덕을 깊이 세워 줄 것입니다.

너희 중에 고난당하는 자가 있느냐 그는 기도할 것이요 즐거워하는 자가 있느냐 그는 찬송할지니라. 너희 중에 병든 자가 있느냐 그는 교회의 장로들을 청할 것이요 그들은 주의 이름으로 기름을 바르며 그를 위하여 기도할지니라. 믿음의 기도는 병든 자를 구원하리니 주께서 그를 일으키시리라 혹시 죄를 범하였을지라도 사하심을 받으리라 그러므로 너희 죄를 서로 고백하며 병이 낫기를 위하여 서로 기도하라 의인의 간구는 역사하는 힘이 큼이니라. (약 5:13-16)

9

예수 그리스도를 믿은 이후의 결과

예수를 그리스도를 믿은 이후
궁극적인 삶의 변화와 그 결과는 무엇일까요?
현재는 어떻게 살아야 하는 것일까요?
그리고 우리가 죽은 이후의 미래는 어떤 것일까요?
또한 우리가 준비하여야 하는 삶은 어떠해야 할까요?
지금까지 소홀히 여겨왔던 삶의 지평들을 찾아본다면
아마 우리의 생은 즐거움과 결단의 연속이 될 것입니다.

믿음의 주요 또 온전하게 하시는 이인 예수를 바라보자. 그는 그 앞에 있는 기쁨을 위하여 십자가를 참으사, 부끄러움을 개의치 아니하시더니, 하나님 보좌 우편에 앉으셨느니라. (히12:2)

예수 그리스도 안에서 삶의 결과를 단 한 마디로 요약
해 말한다면 영원한 생명과 복된 삶입니다.

　예수 그리스도를 믿은 이후 이 세상에서의 복된 삶은
예수 그리스도를 믿음으로 섬기며, 평안을 누리며 살아
가는 것입니다.

우리의 하는 일들이 복이 있음

첫째, 그리스도인으로서 바른 삶을 살아간다면,
이 땅 위에서 우리의 하는 일들이 복을 받게 될 것입니다.

　하나님의 말씀을 순종하면 우리 자신과 자손이 복을

받게 된다고 성경은 기록하고 있습니다.

그러나 이 보다 더 중요한 것은 궁극적으로 우리가 누리게 되는 복이 영생이라는 사실입니다.

나를 사랑하는 자들이 나의 사랑을 입으며 나를 간절히 찾는 자가 나를 만날 것이니라. 부귀가 내게 있고 장구한 재물과 공의도 그러하니라. 내 열매는 금이나 정금보다 나으며 내 소득은 순은보다 나으니라. 나는 정의로운 길로 행하며 공의로운 길 가운데로 다니나니 이는 나를 사랑하는 자가 재물을 얻어서 그 곳간에 채우게 하려 함이니라. (잠8:17-21)

모든 일이 잘됨

**둘째, 모든 일이 평안함과 강건함, 풍성함의 복을
누리게 될 것입니다.**

진리 안에 살면, 요한삼서 1장 2절의 '사랑하는 자여 네 영혼이 잘 됨 같이 네가 범사에 잘되고 강건하기를 내가 간구하노라'라는 말씀과 같이 주님 안에서 평화를 누리므로 우리의 영혼은 안식을 얻게 될 것입니다.

예수 그리스도를 믿는 믿음으로 우리의 마음이 평화로우니, 우리의 모든 일이 잘 되고, 또한 우리의 육신 또한 강건하여지게 될 것입니다.

주님 안에서 우리의 영혼과 마음이 평화로워지니, 우리의 육체가 하는 일들도 자연히 잘 될 것입니다. 이것이 믿음의 결론입니다.

우리의 궁극적인 삶의 목표는 미래에 주어질 천국이지만, 이 세상에서 육체를 가지고 살아가는 동안 우리의 삶은 평화입니다. 평화로운 삶은 우리 그리스도인들이 간구하여야 할 주님의 뜻입니다. 주님께서는 성경 말씀 전체를 통하여 우리에게 평안을 주시겠다고 약속하셨습니다.

성경이 전체적으로 기록하고 있는 궁극적인 주님의 뜻은 우리가 복된 삶을 누리는 것입니다.

네가 네 하나님 여호와의 말씀을 삼가 듣고 내가 오늘 네게 명령하는 그의 모든 명령을 지켜 행하면 네 하나님 여호와께서 너를 세계 모든 민족 위에 뛰어나게 하실 것이라. 네가 네 하나님 여호와의 말씀을 청종하면 이 모든 복이 네게 임하며 네게 이르리니 성읍에서도 복을 받고 들에서도 복을 받을 것이며, 네 몸의 자녀와 네 토지의 소산과 네 짐승의 새끼와 소와 양의 새끼가 복을 받을 것이며, 네 광주리와 떡 반죽 그릇이 복을 받을 것이며, 네가 들어와도 복을 받고 나가도 복을 받을 것이니라. (신28:1-6)

하나님의 말씀을 사랑하게 됨

셋째, 영원한 생명을 얻는 복된 삶을 소망하여 하나님의 말씀인 성경을 사랑하게 될 것 입니다.

성경은 우리 인생에게 영생이 있음을 알려주고, 또한 영생이 예수님 안에 있음을 우리에게 교훈해 줍니다.

또 어려서부터 성경을 알았나니 성경은 능히 너로 하여

금 그리스도 예수 안에 있는 믿음으로 말미암아 구원에 이르는 지혜가 있게 하느니라. 모든 성경은 하나님의 감동으로 된 것으로 교훈과 책망과 바르게 함과 의로 교육하기에 유익하니 이는 하나님의 사람으로 온전하게 하며 모든 선한 일을 행할 능력을 갖추게 하려 함이라. (딤후3:15-17)

그리스도인들이 누리는 복은 이 세상에서 믿음을 가지고 사는 삶의 축복뿐만 아니라, 이 세상을 떠난 이후의 내세적인 삶, 즉 영생입니다. 우리의 믿음의 복은 죽음 이후에 복된 영생의 삶이 있다는 사실에 있습니다.

그리스도인은 이 세상에서 누리는 삶의 행복보다 이 세상에서의 삶이 다한 이후, 영원한 생명을 얻으며 주님과 함께하는 삶이 더 큰 복이기 때문입니다.

예수 그리스도를 믿는 성도들은 이 세상에서의 생명을 다한 후, 생명의 부활로 일어나 하늘에 있는 영원한 집에 들어가게 될 것입니다. 주님께서 새 하늘과 새 땅을 예비하셨기 때문입니다. 이 땅에 사는 동안 주님 안에서 행한 행위에 따라 상급을 받으며 영원한 안식을 누리게 될 것입니다.

주님께서 이 땅에 다시 오실 때까지 우리 믿음의 사람들은 기도에 항상 힘쓰며, 감사함으로 깨어 있어야 합니다. 세상의 정욕에 얽매인 생활보다는 선한 행실로 빛 가운데로 행하는 사랑의 삶을 살아야 할 것입니다.

예수께서 이르시되 네 마음을 다하고 목숨을 다하고 뜻을 다하여 주 너의 하나님을 사랑하라 하셨으니, 이것이 크고 첫째 되는 계명이요. 둘째도 그와 같으니 네 이웃을 네 자신 같이 사랑하라 하셨으니, 이 두 계명이 온 율법과 선지자의 강령이니라. (마22:37-40)

너희는 세상의 소금이니 소금이 만일 그 맛을 잃으면 무엇으로 짜게 하리요 후에는 아무 쓸 데 없어 다만 밖에 버려져 사람에게 밟힐 뿐이니라. 너희는 세상의 빛이라. 산 위에 있는 동네가 숨겨지지 못할 것이요. 사람이 등불을 켜서 말 아래에 두지 아니하고 등경 위에 두나니, 이러므로 집 안 모든 사람에게 비치느니라. 이같이 너희 빛이 사람 앞에 비치게 하여 그들로 너희 착한 행실을 보고 하늘에 계신 너희

아버지께 영광을 돌리게 하라. (마5:13-16)

결론적으로

성도들은 주님께서 명령하신 사항을 실천하여, 착한 행실로 하나님께 영광을 돌리며, 하나님께서 계신 천국에 소망을 둔 삶을 살아야 하겠습니다.

그러므로 우리가 흔들리지 않는 나라를 받았은즉 은혜를 받자. 이로 말미암아 경건함과 두려움으로 하나님을 기쁘시게 섬길지니 또는 감사하자. (히12:28)

이웃에게 우리가 받은 복음을 전하여야 할 것이며, 우리의 크신 하나님, 구주 예수 그리스도의 영광의 나타나심을 기다리며 복스러운 소망을 가지고 신중함과 경건함과 의로움으로 살아야 하겠습니다.

내가 너희에게 분부한 모든 것을 가르쳐 지키게 하라. 볼지어다. 내가 세상 끝날까지 너희와 항상 함께 있으리라 하

시니라. (마28:20)

   그러므로 너희가 더욱 힘써 너희 믿음에 덕을, 덕에 지식을, 지식에 절제를, 절제에 인내를, 인내에 경건을, 경건에 형제 우애를, 형제 우애에 사랑을 더하라. (벧후 1:5-7)

   그러므로 형제들아 더욱 힘써 너희 부르심과 택하심을 굳

게 하라. 너희가 이것을 행한즉 언제든지 실족하지 아니하리라. 이같이 하면 우리 주 곧 구주 예수 그리스도의 영원한 나라에 들어감을 넉넉히 너희에게 주시리라. (벧후1:10-11)

주님 오시는 그 날까지 말입니다.

"아멘, 주 예수여! 오시옵소서!" (계22:20)

예수 구원

나는 어떻게 예수님을 믿는가?

How do I believe in Jesus?

믿음 더 세밀히 알기

하나님의 부르심과
그 응답의 과정

이일화 글·사진

God Seekers

나는 어떻게 예수님을 믿는가?

How do I believe in Jesus?

예수구원

믿음 더 세밀히 알기

하나님의 부르심과 그 응답의 과정

　너희를 향한 나의 생각은 내가 아나니, 재앙이 아니라 평
안이요, 너희 장래에 소망을 주려하는 생각이라. 너희는 내
게 부르짖으며 와서 내게 기도하면 내가 너희를 들을 것이
요, 너희가 전심으로 나를 찾고 찾으면 나를 만나리라. (렘
29:11-13, 개역한글)

1.
하나님의 부르심과 구원의 과정

하나님이 미리 아신 자들을 또한 그 아들의 형상을 본받게 하기 위하여 미리 정하셨으니, 이는 그로 많은 형제 중에서 맏아들이 되게 하려 하심이니라. 또 미리 정하신 그들을 또한 부르시고 부르신 그들을 또한 의롭다 하시고 의롭다 하신 그들을 또한 영화롭게 하셨느니라. (롬8:29-30)

성경이 기록하는 우리에 대한 하나님의 부르심과 또한 그분의 부르심에 우리가 응답하는 과정을 우리는 '하나님과의 만남'이라고 합니다. 우리가 하나님을 만났다고 표현하는 것은 우리가 하나님의 부르심에 응답했다는 말입니다.

하나님의 부르심에 대한 이해는 이제 성숙한 그리스도인이 되어 더욱더 깊이 주님을 섬기고자 할 때, 그리스도인의 궁극적인 삶의 이해를 위하여 꼭 필요한 일입니다.

구원의 황금사슬 (Golden Chain)

성경은 우리가 하나님의 부르심을 받고 그분을 알게 되는 구원의 과정을 간략한 말씀에 담고 있습니다.

하나님이 미리 아신 자들을 또한 그 아들의 형상을 본받게 하기 위하여 미리 정하셨으니, 이는 그로 많은 형제 중에서 맏아들이 되게 하려 하심이니라. 또 미리 정하신 그들을 또한 부르시고 부르신 그들을 또한 의롭다 하시고 의롭다 하신 그들을 또한 영화롭게 하셨느니라. (롬 8:29-30)

그리스도인이 하나님의 부르심을 받고 구원을 받게 되는 일련의 과정을 「하나님의 부르심과 그 응답의 과정」이라고 말합니다. 그리스도인이 하나님께로부터 받는 구원을 받게 되는 이 구원의 과정을 소개하는 성경 말씀을 신학자들은 황금사슬(Golden Chain)이라고 말합니다.

하나님의 인간에 대한 구원 섭리는 너무도 오묘하여 어떻게 단도직입적으로 한 마디 말로 설명할 수가 없습니다. 하나님의 구원하심의 섭리는 오직 하나님의 주권에 속한 것이며, 우리가 완전히 이해할 수 없을 만큼 너무 오묘합니다. 전적인 하나님의 은총이 아니고는 결코 이해할 수가 없습니다. 우리를 향하신 하나님의 극진하신 사랑에 의하여 구원은 완성되는 것입니다.

하나님이 세상을 이처럼 사랑하사 독생자를 주셨으니 이는 그를 믿는 자마다 멸망하지 않고 영생을 얻게 하려 하심이라. (요3:16)

사랑은 여기 있으니 우리가 하나님을 사랑한 것이 아니요 하나님이 우리를 사랑하사 우리 죄를 속하기 위하여 화목 제물로 그 아들을 보내셨음이라. (요일4:10)

하나님의 구원의 은혜에 대한 섭리는 신학자 간에도 그 견해를 달리하는 경우가 있습니다. 구원의 은혜가 전적으로 하나님의 은총에 있다고 강조하는 분들(장로교회)과 하나님의 구원의 부르심에 인간이 반드시 응답해야 한다고 주장하며, 인간의 역할을 강조하는 이들(감리교회, 성결교회)의 주장이 나누어지는 이유가 되기도 합니다.

이 견해의 차이는 인간이 하나님을 만나는 과정에서 전적인 하나님의 은혜를 강조하거나, 하나님의 부르심에 인간이 응답하여야 한다는 인간의 책임을 강조하는 강조점의 차이에 있다고 할 것입니다. 하나님의 구원의 은혜가 하나님의 전적인 주권에 속해 있다는 사실은 그 어느 누구도 부인할 수 없습니다.

구원의 예정하심과 부르심

성경은 우리가 하나님의 사랑을 입으므로 우리가 하나님의 부르심(Calling, 소명)을 받게 되었다고 말합니다. 때로 우리는 이를 '하나님과의 만남'이라고 말로 표현합니다. 하나님을 만났다는 말은 우리가 하나님의 부르심에 응답했다는 말이기도 하지요.

하나님께서 죄인들을 부르셨으나, 이들을 의롭게 여기시는 이유는 예수 그리스도께서 십자가 위에서 대속의 죽으심과 피 흘리심으로 인간의 죄를 구속하신 사실 때문입니다. 하나님께서는 그분께서 부르신 자들을, 의롭게 여기시며, 하나님의 자녀로 삼으시며, 궁극적으로는 이들을 영화롭게 하십니다.

또 미리 정하신 그들을 또한 부르시고 부르신 그들을 또한 의롭다 하시고 의롭다 하신 그들을 또한 영화롭게 하셨느니라. (롬 8:30)

성경은 하나님께서는 그분께서 미리 아신 이들을 그

분의 형상을 본받게 하기 위하여 미리 정하셨다고 말합니다. 이는 그로 많은 형제들 중에서 맏아들이 되게 하시기 위함이었습니다.

하나님이 미리 아신 자들을 또한 그 아들의 형상을 본받게 하기 위하여 미리 정하셨으니, 이는 그로 많은 형제 중에서 맏아들이 되게 하려 하심이니라. (롬8:29)

구원은 전적인 하나님의 주권에 속한 것

우리가 구원을 이해함에 있어서 반드시 알아야 알 것은 우리가 하나님의 부르심을 받거나, 하나님을 만나게 되는 일들이 전적으로 하나님의 주권에 속하여 있다는 사실입니다.

나의 구원과 영광이 하나님께 있음이여 내 힘의 반석과 피난처도 하나님께 있도다. (시62:7)

하나님의 지혜에 있어서는 이 세상이 자기 지혜로 하나님을 알지 못하므로 하나님께서 전도의 미련한 것으로 믿는 자들을 구원하시기를 기뻐하셨도다. (고전1:21)

하나님의 부르심에 응답하는 것이 비록 인간의 자유의지에 의한 행위라 할지라도 인간의 구원은 전적으로 하나님께 속한 것이며, 하나님께서는 인간 한 사람 한 사람 그 중심을 살피시고, 그분의 계획을 이루신다는 사실입니다.

보소서 주께서는 중심이 진실함을 원하시오니 내게 지혜를 은밀히 가르치시리이다. (시51:6)

사람이 마음으로 자기의 길을 계획할지라도 그의 걸음을 인도하시는 이는 여호와시니라. (잠16:9)

사람의 행위가 자기 보기에는 모두 정직하여도 여호와는 마음을 감찰하시느니라. (잠21:2)

주님께서 마지막 우리를 부르실 때까지 구원의 여정을

따라가는 과정은 우리 그리스도인에게 때로는 고난을 수반합니다. 우리는 고난이 다가올 때 주님께 기도를 드리며, 우리의 기도에 그분의 응답하심을 받으므로 믿음의 생활을 더 깊이 영위해 나가게 됩니다.

내 의의 하나님이여 내가 부를 때에 응답하소서 곤란 중에 나를 너그럽게 하셨사오니 내게 은혜를 베푸사 나의 기도를 들으소서. (시4:1)

여호와여 내 기도를 들으시며 내 간구에 귀를 기울이시고 주의 진실과 의로 내게 응답하소서. (시143:1)

이 세상에서 우리가 주님의 부르심을 받아 마지막 천국에 갈 때까지 우리의 삶의 여정은 고난입니다. 그러나 우리를 의롭게 여기시고, 후일 주님께서 우리를 영화롭게 하실 그날까지 우리의 걸어가는 나그네 길은 소망의 삶입니다.

2.
구원에 이르는 믿음

주 예수를 믿으라 그리하면 너와 네 집이 구원을 받으리라. (행16:31)

믿음의 결국 곧 영혼의 구원을 받음이라. (벧전1:9)

우리의 구원은 오직 예수 그리스도를 믿는 믿음으로 이루어진다고 합니다. 믿음이란 무엇일까요? 그리고 이 믿음은 어떻게 생겨날까요? 그리스도인이 믿는다면 무엇을 믿는 것일까요? 그리스도인이 믿는 구체적인 내용은 공 예배 때 외우는 사도신경 가운데 모두 들어있습니다.

< 우리가 믿는 것 >

주님께서 십자가 위에서 희생하신 사실을 믿음

우리는 예수 그리스도께서 우리를 죄와 죽음에서 구원하시기 위하여, 십자가 위에서 피 흘리시며 죽으심으로 하나님 앞에서 우리의 죄를 대속하시기 위한 희생 제물이 되신 사실을 믿습니다.

그리스도께서 너희를 사랑하신 것 같이 너희도 사랑 가운데서 행하라 그는 우리를 위하여 자신을 버리사 향기로

운 제물과 희생제물로 하나님께 드리셨느니라. (엡5:2)

구약성경의 율법(십계명과 그 외의 정한 계율들)에 의하면 우리는 죽을 수밖에 없는 죄인입니다. 하나님께서는 그분의 의로우심으로 죄로 죽을 수밖에 없는 우리를 죄와 죽음에서 구원하시기 위하여, 우리 죄를 대속하기 위한 희생 제물로서 하나님의 외 아드님(독생자)이신 예수 그리스도를 이 땅에 보내셨습니다. 이는 구약성경의 이사야 선지자를 비롯한 여러 선지자들이 성경을 통하여 미리 예언한 사실이었습니다.

이 예수를 하나님이 그의 피로써 믿음으로 말미암는 화목제물로 세우셨으니 이는 하나님께서 길이 참으시는 중에 전에 지은 죄를 간과하심으로 자기의 의로우심을 나타내려 하심이니 (롬3:25)

또 하나님이 이방을 믿음으로 말미암아 의로 정하실 것을 성경이 미리 알고 먼저 아브라함에게 복음을 전하되 모든 이방인이 너로 말미암아 복을 받으리라 하였느니라. (갈3:8)

예수 그리스도께서 흘리신 보배로운 피로 말미암아 구원을 얻게 되는 이 구원의 은혜(값없이 주는 선물)는 오직 하나님의 의로우심으로 비롯된 것입니다. 오직 우리의 할 일은 이렇게 하나님께서 베푸신 구원과 대속의 은총을 베푸신 사실을 믿는 것입니다.

너희는 그 은혜에 의하여 믿음으로 말미암아 구원을 받았으니 이것은 너희에게서 난 것이 아니요 하나님의 선물이라. (엡2:8)

그러나 여자들이 만일 정숙함으로써 믿음과 사랑과 거룩함에 거하면 그의 해산함으로 구원을 얻으리라. (딤전2:15)

너희는 말세에 나타내기로 예비하신 구원을 얻기 위하여 믿음으로 말미암아 하나님의 능력으로 보호하심을 받았느니라. (벧전1:5)

주님께서 우리의 죄를 속해 주신 사실을 믿음

우리는 모두 죄인입니다. 우리는 이 죄로 인하여 죽을 수밖에 없게 되고, 하나님의 영광에 이를 수 없게 되었습니다. 그 이유는 모든 사람이 죄를 범하였기 때문입니다.

모든 사람이 죄를 범하였으매 하나님의 영광에 이르지 못하더니 (롬3:23)

자기 스스로 죄인이 아니라고 하는 사람은 도덕적으로 윤리적으로 완전무결해야 합니다. 아무리 믿음이 좋은 사람이라고 하더라도 거룩하신 하나님 앞에 자신의 모습을 비추면 추하고 더러운 모습이 드러나기 마련이며, 인간의 모습은 죄와 허물로 가득 차 있을 수밖에 없습니다. 이 죄는 결국 인간에게 죽음을 수반하기 마련입니다.

만일 우리가 범죄하지 아니하였다 하면 하나님을 거짓말하는 이로 만드는 것이니 또한 그의 말씀이 우리 속에 있지 아니하니라. (요일1:10)

예수님께서 십자가 위에서 우리를 위하여 몸 버려 피 흘려 죽으심으로 우리의 죄를 속량 받게 되었고, 하나님의 은혜(Grace, 은총)로 우리는 하나님 앞에서 의롭다함을 입게 되었습니다.

우리는 그리스도 안에서 그의 은혜의 풍성함을 따라 그의 피로 말미암아 속량 곧 죄 사함을 받았느니라. (엡1:7)

우리에게 주어진 이러한 하나님의 은혜는 하나님께서 값없이 베푸신 것으로, 우리의 힘과 노력으로 된 것이 아니라, 오직 하나님의 은총으로만 주어진 것입니다.

이제는 율법 외에 하나님의 한 의가 나타났으니, 율법과 선지자들에게 증거를 받은 것이라. 곧 예수 그리스도를 믿음으로 말미암아 모든 믿는 자에게 미치는 하나님의 의니 차별이 없느니라. 모든 사람이 죄를 범하였으매 하나님의 영광에 이르지 못하더니, 그리스도 예수 안에 있는 속량으로 말미암아 하나님의 은혜로 값없이 의롭다 하심을 얻은 자 되었느니라. (롬3:21-24)

우리가 영생을 누릴 것과
주님께서 심판하심을 믿음

우리 그리스도인들은 마지막 날에 우리의 영혼과 육체도 모두 부활하여 하나님 앞에 설 것이라는 이 사실을 확고히 믿습니다. 이것이 그리스도인의 믿음입니다. 믿지 않는 사람들은 영원히 불타는 지옥에 들어가게 되겠지요.

우리 주 예수 그리스도의 아버지 하나님을 찬송하리로다. 그의 많으신 긍휼대로 예수 그리스도를 죽은 자 가운데서 부활하게 하심으로 말미암아 우리를 거듭나게 하사 산 소망이 있게 하시며 (벧전1:3)

예수 그리스도를 믿지 않는 많은 사람들은 우리의 영혼과 육체의 부활을 부인합니다. 유물사관을 추종하는 이들은 더욱더 인간이 죽고 난 이후에는 아무 것도 없다고 말합니다. 그러나 성경은 예수님이 부활하시고 승천하신 장면을 기록함으로써 우리 역시 예수님처럼 부활할 것임을 예증합니다.

성결의 영으로는 죽은 자들 가운데서 부활하사 능력으로 하나님의 아들로 선포되셨으니 곧 우리 주 예수 그리스도시니라. (롬1:4)

물은 예수 그리스도께서 부활하심으로 말미암아 이제 너희를 구원하는 표니 곧 세례라 이는 육체의 더러운 것을 제하여 버림이 아니요 하나님을 향한 선한 양심의 간구니라. (벧전 3:21)

예수님께서 끊임없이 말씀하셨던 교훈은 예수 그리스도를 믿는 우리에게 영생이 있고, 우리 모두는 부활할 것이며, 예수 그리스도를 믿는 사람은 영생의 부활로, 그렇지 않은 사람들은 멸망과 죽음뿐이라는 것입니다. 이 사실은 궁극적으로 예수 그리스도께서 심판장이 되어 오실 때 나타날 것입니다.

이 첫째 부활에 참여하는 자들은 복이 있고 거룩하도다 둘째 사망이 그들을 다스리는 권세가 없고 도리어 그들이 하나님과 그리스도의 제사장이 되어 천 년 동안 그리스도와 더불어 왕 노릇 하리라. (계20:6)

또 내가 보니 죽은 자들이 큰 자나 작은 자나 그 보좌 앞에 서 있는데 책들이 펴 있고 또 다른 책이 펴졌으니 곧 생명책이라 죽은 자들이 자기 행위를 따라 책들에 기록된 대로 심판을 받으니, 바다가 그 가운데에서 죽은 자들을 내주고 또 사망과 음부도 그 가운데에서 죽은 자들을 내주매 각 사람이 자기의 행위대로 심판을 받고, 사망과 음부도 불 못에 던져지니 이것은 둘째 사망 곧 불 못이라. (계20:12-14)

영생과 부활을 믿는 믿음은 기독교의 핵심입니다. 그래서 선한 그리스도인들은 예수 그리스도의 부활과 영생을 기다리며, 선하고도 착한 행실로 사는 것이며, 이 행실로 하나님께 영광을 돌리는 것입니다.

너희가 이방인 중에서 행실을 선하게 가져 너희를 악행한다고 비방하는 자들로 하여금 너희 선한 일을 보고 오시는 날에 하나님께 영광을 돌리게 하려 함이라. (벧전 2:12)

만약 그리스도인에게 영생이 없다면, 그리스도인의 소망은 끊어지고 말 것입니다. 그리스도인들은 오직 주 예수 그리스도만을 바라며, 그분께서 베푸실 생명과 영광을 기대하며 사는 것입니다.

또 아는 것은 하나님의 아들이 이르러 우리에게 지각을 주사 우리로 참된 자를 알게 하신 것과 또한 우리가 참된 자 곧 그의 아들 예수 그리스도 안에 있는 것이니 그는 참 하나님이시요 영생이시라. (요일5:20)

하나님의 사랑 안에서 자신을 지키며 영생에 이르도록 우리 주 예수 그리스도의 긍휼을 기다리라. (유1:21)

예수 그리스도 안에 있는 영생은 이 세상에 사는 동안 주님을 믿음으로 주님을 소유하게 되고, 천국의 기쁨을 이 세상에서도 누리며 사는 것입니다. 바로 이것이 그리스도인의 삶입니다. 그리스도인은 영원한 생명을 누리며 사는 것입니다.

이 생명이 나타내신 바 된지라 이 영원한 생명을 우리가 보았고 증언하여 너희에게 전하노니 이는 아버지와 함께 계시다가 우리에게 나타내신 바 된 이시니라. (요일1:2)

그가 우리에게 약속하신 것은 이것이니 곧 영원한 생명이니라. (요일2:25)

< 믿음에 대하여 알게 되는 것>

구원은 행위가 아닌 믿음으로 이루어짐

기독교의 교리가 여타 다른 종교와 확연히 차이가 나는 부분이 있다면 바로 구원의 방법입니다. 기독교는 분명하게 구원을 얻을 수 있는 유일한 방법이 예수 그리스도를 믿을 때만 구원을 받게 된다는 것입니다.

예수께서 이르시되 내가 곧 길이요 진리요 생명이니 나로 말미암지 않고는 아버지께로 올 자가 없느니라. (요14:6)

다른 여느 종교가 구원을 얻는 방법이 선을 쌓을 때 얻어진다고 말하지만, 우리 기독교는 분명하게 예수 그리스도께서 우리의 죄를 대속하신 사실을 믿을 때만, 우리가 구원을 받게 되고, 궁극적으로 영생을 얻게 된다는 사실을 전합니다.

이르되 주 예수를 믿으라. 그리하면 너와 네 집이 구원을 받으리라 하고 (행16:31)

우리는 뒤로 물러가 멸망할 자가 아니요 오직 영혼을 구원함에 이르는 믿음을 가진 자니라. (히 10:39)

예수 그리스도를 믿는 이들에게는 천국과 영생이 예비 되어 있고, 그렇지 않은 이들에게는 불타는 지옥만이 있을 뿐입니다. 이 사실을 믿는 것이 그리 쉽지 만은 않습니다. 그럼에도 불편하지만 이것은 그리스도인에게 일어날 명백한 진실입니다.

만일 네 눈이 너를 범죄하게 하거든 빼버리라 한 눈으로 하나님의 나라에 들어가는 것이 두 눈을 가지고 지옥에 던져지는 것보다 나으니라. (막9:47)

마땅히 두려워할 자를 내가 너희에게 보이리니 곧 죽인

후에 또한 지옥에 던져 넣는 권세 있는 그를 두려워하라 내가 참으로 너희에게 이르노니 그를 두려워하라. (눅12:5)

　그리스도인이 구원을 받게 되는 방법은 단 한 가지입니다. 나 자신이 죄인임을 고백하고, 이 죄를 사하신 분이 주님이라는 사실을 믿는 것입니다. 주님 앞에 내가 죄인임을 고백하고 예수님을 구주로 영접하며 받아들이는 것입니다. 이 일련의 절차를 믿음이라고 말합니다.

　이르되 주 예수를 믿으라. 그리하면 너와 네 집이 구원을 받으리라 하고 (행16:31)

　네가 만일 네 입으로 예수를 주로 시인하며 또 하나님께서 그를 죽은 자 가운데서 살리신 것을 네 마음에 믿으면 구원을 받으리라. (롬10:9)

　이 믿음은 신비롭게도 성경말씀을 읽거나 들을 때 생겨 나고, 이 믿음이 생겨나면 말할 수 없는 기쁨에 사로잡히게 됩니다. 하나님께서 나를 사랑하셨다는 사실을 믿으면, 이보다 더 큰 기쁨이 있을 수 없습니다. 믿음을 경험하면 주 예수님께서 주시는 평안과 기쁨이 찾아옵니다. 그래서 많은 이들이 주님의 사랑을 고백하고, 그분께서 함께하심을 기뻐하는 것입니다.

주께서 사랑하시는 형제들아 우리가 항상 너희에 관하여 마땅히 하나님께 감사할 것은 하나님이 처음부터 너희를 택하사 성령의 거룩하게 하심과 진리를 믿음으로 구원을 받게 하심이니 (살후2:13)

이를 위하여 우리의 복음으로 너희를 부르사 우리 주 예수 그리스도의 영광을 얻게 하려 하심이니라. (살후2:14)

구원은 삯을 주고 돈으로 사는 것이 아닙니다. 예수님께서 나의 죄를 대신하여 죽으셨다는 사실만 믿으면 구원을 얻는 것입니다. 이 얼마나 쉽습니까?

우리는 아무런 흠과 티가 없으신 예수 그리스도께서 어린 양 희생제물이 되시어 십자가 위에서 못 박히셨음을 압니다. 그리스도인은 예수 그리스도의 구원하심을 믿고, 예수 그리스도 안에 있는 천국과 영생을 믿으며,

이를 소망하며 살아갑니다. 이것이 믿음입니다.

너희가 알거니와 너희 조상이 물려 준 헛된 행실에서 대속함을 받은 것은 은이나 금 같이 없어질 것으로 된 것이 아니요. 오직 흠 없고 점 없는 어린 양 같은 그리스도의 보배로운 피로 된 것이니라. (벧전1:18-19)

이는 보좌 가운데에 계신 어린 양이 그들의 목자가 되사 생명수 샘으로 인도하시고 하나님께서 그들의 눈에서 모든 눈물을 씻어 주실 것임이라. (계7:17)

십자가 위에서 우리를 구원하신 예수님의 대속의 죽으심을 믿는 믿음만이 우리를 죄와 죽음에서 구원할 수 있는 유일한 방법입니다. 돈으로도 아니요, 우리 주님께서 값없이 주시는 믿음만으로 우리는 구원을 얻게 되는 것입니다.

너희는 말세에 나타내기로 예비하신 구원을 얻기 위하여 믿음으로 말미암아 하나님의 능력으로 보호하심을 받았느니라. (벧전1:5)

예수를 너희가 보지 못하였으나 사랑하는도다. 이제도 보지 못하나 믿고 말할 수 없는 영광스러운 즐거움으로 기뻐하니, 믿음의 결국 곧 영혼의 구원을 받음이라. (벧전1:9)

믿음은 주님께서 베푸신 선물임

믿음에 대하여 우리가 확실히 알 수 있는 사실 한 가지는 믿음은 주님께서 우리에게 베푸신 커다란 선물이라는 사실입니다.

너희는 그 은혜에 의하여 믿음으로 말미암아 구원을 받았으니 이것은 너희에게서 난 것이 아니요 하나님의 선물이라. (엡2:8)

예수 그리스도께서 십자가 위에서 대속의 죽으심을 죽으셨다는 사실을 믿는 믿음이란 말이 참 쉬워 보이는데, 그런데 따져보면 이 믿음이 잘 생겨나지를 않습니다. 왜 나는 안 믿어지지? 이런 말이 정상입니다. 이것이 바로 기독교의 믿음의 아이러니입니다.

믿음이란 우리의 힘과 용기, 혹은 우리의 노력으로 이루어지는 것이 아닙니다. 오직 주님께서 우리에게 믿음을 허락하실 때만 우리에게 믿음이 생겨날 수 있습니다.

너희는 그 은혜에 의하여 믿음으로 말미암아 구원을 받았으니, 이것은 너희에게서 난 것이 아니요 하나님의 선물이라. (엡2:8)

반드시 내게 예수 그리스도를 믿는 믿음이 있어야 죄와 죽음으로부터 구원을 받을 수 있고, 영생을 얻을 수 있지만, 믿음이 내게 있으려면 예수님께서 십자가 위에서 날 위해 죽으셨다는 사실이 명확하게 믿어져야만 합니다. 그런데 이것이 쉽지 않습니다. 우리의 고민이 여기에 있습니다. 그래서 믿음도 주님께서 허락하셔야만 가능한 것이며, 일어나는 것입니다.

곧 그 아이의 아버지가 소리를 질러 이르되 내가 믿나이다. 나의 믿음 없는 것을 도와주소서 하더라. (막9:24)

사도들이 주께 여짜오되 우리에게 믿음을 더하소서 하니
(눅17:5)

믿음은 주님께서 베푸신 선물입니다. 예수 그리스도
께서 십자가 위에서 죽으심으로 우리를 죄와 죽음에서
건져내 주신 사실을 믿는 믿음으로 구원을 받을 수 있으
니, 이 얼마나 인간에게 큰 축복입니까?

주 예수님께서 십자가 위에서 물과 피를 흘리심으로,
우리의 죄를 사해 주셨습니다. 죄로 죽을 수밖에 없는
우리를 죄와 죽음에서 구원해내셨다는 사실을 믿는 믿
음으로만 구원을 받을 수 있으니, 우리는 믿기만 하면 되
는 것입니다. 이 믿음은 하나님께서 우리에게 주신 선물
인 것입니다.

이로 말미암아 그는 새 언약의 중보자시니 이는 첫 언약
때에 범한 죄에서 속량하려고 죽으사 부르심을 입은 자로
하여금 영원한 기업의 약속을 얻게 하려 하심이라. (히9:15)

예수님께서 십자가 위에서 날 위해 죽으셨다는 이 사

실이 명쾌히 믿어지지 않으면 방법이 하나 있습니다. 주 예수 그리스도께서 십자가 위에서 날 위한 대속의 죽음을 죽으셨다는 사실을 끊임없이 입술로 고백하며, 주님께서 이 믿음을 허락해 주시기를 구하는 것입니다.

네가 만일 네 입으로 예수를 주로 시인하며 또 하나님께서 그를 죽은 자 가운데서 살리신 것을 네 마음에 믿으면 구원을 받으리라. (롬10:9)

사람이 마음으로 믿어 의에 이르고 입으로 시인하여 구원에 이르느니라. (롬10:10)

그리스도인에게도 믿음은 늘 항상 일정하지는 않기에, 예수님께서 가르치신 말씀과 교훈이 담긴 성경을 읽으며, 믿음의 깊이를 더하여 가는 것이지요, 성경말씀 읽기와 기도는 믿음의 깊이를 더하기 위한 방법으로 신앙생활에 많은 도움이 됩니다.

또 어려서부터 성경을 알았나니 성경은 능히 너로 하여금 그리스도 예수 안에 있는 믿음으로 말미암아 구원에 이르

는 지혜가 있게 하느니라. (딤후3:15)

신앙생활을 해 보면, 믿음이란 하나님께 구원을 받기 위하여 나 자신이 반드시 필연적으로 가져야 할 것이지만, 또 한 면으로 이 믿음조차도 주님께서 우리의 심령을 열어 믿음이 일어나도록 허락하시지 않으시면 불가능하다는 사실을 깨닫게 됩니다.

믿음이란 반드시 우리 자신이 반드시 가져야 할 것이며, 또 마음 깊은 곳으로부터 우러나와야 할 것이지만, 다른 한 면으로는 주님께서 이 믿음조차도 사랑하는 이에게 허락하셔야만 믿음이 일어날 수 있다는 사실을 알 수 있습니다.

하나님은 그가 기뻐하시는 자에게는 지혜와 지식과 희락을 주시나 죄인에게는 노고를 주시고 그가 모아 쌓게 하사 하나님을 기뻐하는 자에게 그가 주게 하시지만 이것도 헛되어 바람을 잡는 것이로다. (전2:26)

그리스도인에게 믿음이란 하나님께 나아가는 길입니

다. 이 믿음은 하나님께서 주신 참으로 오묘하고 아름다운 구원의 진리라는 사실을 믿음이 더할수록 깊이 알게 됩니다.

믿음으로 의롭게 됨

하나님의 의로우심과 그분의 구원은 모든 믿는 이들에게 아무 차별 없이, 그리고 값없이 주어지는 은총입니다. 그래서 믿음은 선물이라고 말하는 것입니다.

오호라 너희 모든 목마른 자들아 물로 나아오라 돈 없는 자도 오라 너희는 와서 사 먹되 돈 없이, 값 없이 와서 포도주와 젖을 사라. 너희가 어찌하여 양식이 아닌 것을 위하여 은을 달아 주며 배부르게 하지 못할 것을 위하여 수고하느냐 내게 듣고 들을지어다. 그리하면 너희가 좋은 것을 먹을 것이며 너희 자신들이 기름진 것으로 즐거움을 얻으리라. 너희는 귀를 기울이고 내게로 나아와 들으라. 그리하면 너희의 영혼이 살리라 내가 너희를 위하여 영원한 언약을 맺

으리니 곧 다윗에게 허락한 확실한 은혜이니라. (사55:1-3)

믿음에 대하여 가장 확실한 사실 하나는 그리스도인은 믿음으로 구원을 받게 되고 의롭게 된다는 사실입니다. 이것을 신학적 용어로는 '칭의'라고 말합니다. 즉 '죄인이었던 우리가 의인으로 칭함으로 받았다', 혹은 '의롭게 되었다.'라는 말이지요.

만일 우리가 우리 죄를 자백하면 그는 미쁘시고 의로우사 우리 죄를 사하시며 우리를 모든 불의에서 깨끗하게 하실 것이요. (요일1:9)

우리는 죄로 죽을 수밖에 없는 죄인이지요, 우리에게 흐르는 이 죄 때문에 우리는 사망이라는 끔찍한 죽음에 이를 수밖에 없고, 모든 사람이 하나같이 죽음을 맞이할 수밖에 없습니다.

그러므로 한 사람으로 말미암아 죄가 세상에 들어오고 죄로 말미암아 사망이 들어왔나니 이와 같이 모든 사람이 죄를 지었으므로 사망이 모든 사람에게 이르렀느니라. (롬

5:12)

　너희 자신을 종으로 내주어 누구에게 순종하든지 그 순종함을 받는 자의 종이 되는 줄을 너희가 알지 못하느냐 혹은 죄의 종으로 사망에 이르고 혹은 순종의 종으로 의에 이르느니라. (롬6:16)

　문제는 이 죄 때문에 육체가 죽기만 하면 좋겠는데, 우리는 영혼을 가지고 있고, 우리의 육체적인 죽음이 전부가 아니라는 사실입니다. 우리의 영혼은 육체가 죽고 나면 육체의 허물을 벗고, 영혼이 원래 왔던 본향으로 가게 됩니다. 바로 주 하나님께 돌아가게 되는 것이지요.

　모든 영혼이 다 내게 속한지라 아버지의 영혼이 내게 속함 같이 그의 아들의 영혼도 내게 속하였나니 범죄하는 그 영혼은 죽으리라. (겔18:4)

　우리가 육신에 있을 때에는 율법으로 말미암는 죄의 정욕이 우리 지체 중에 역사하여 우리로 사망을 위하여 열매를 맺게 하였더니 (롬7:5)

그런즉 선한 것이 내게 사망이 되었느냐 그럴 수 없느니라. 오직 죄가 죄로 드러나기 위하여 선한 그것으로 말미암아 나를 죽게 만들었으니 이는 계명으로 말미암아 죄로 심히 죄 되게 하려 함이라. (롬7:13)

바로 이런 죽음에서 우리를 구해내신 이가 있습니다. 바로 예수 그리스도이지요. 예수님은 하나님의 본체셨지만, 인간을 구속하기 위하여 인간의 몸을 입고, 이 세상에 태어나셔서, 이적과 표적으로 하나님의 신성을 나타내시다가, 십자가 위에서 몸 버려 피 흘리시면서 운명하셨죠. 그리고 다시 부활하셨고, 마지막에는 하늘로 올리우셨죠. 그 이유는 단 한 가지였습니다. 바로 우리 인간의 죄를 대속하시고, 우리를 죄와 죽음에서 구해내시기 위함이었습니다. 주님께서는 우리에게 이 사실을 믿으라고 말씀하시죠. 그렇게 하면 구원이 있다고요.

나의 자녀들아 내가 이것을 너희에게 씀은 너희로 죄를 범하지 않게 하려 함이라 만일 누가 죄를 범하여도 아버지 앞에서 우리에게 대언자가 있으니 곧 의로우신 예수 그리스도시라. (요일2:1)

우리의 일은 바로 예수 그리스도의 이러한 십자가 위에서 우리를 위한 대속의 희생제물이 되시어 죽으셨다는 사실을 믿고 고백하는 것입니다. 우리의 믿음의 비밀이 여기에 있습니다.

예수 그리스도께서 나의 모든 죄를 지시고 죽으셨다는 사실을 믿고 고백하면, 우리는 의롭게 되어 하나님의 자녀가 되는 영광을 누린다는 것입니다.

이 예수를 하나님이 그의 피로써 믿음으로 말미암는 화목제물로 세우셨으니 이는 하나님께서 길이 참으시는 중에 전에 지은 죄를 간과하심으로 자기의 의로우심을 나타내려 하심이니, 곧 이 때에 자기의 의로우심을 나타내사 자기도 의로우시며 또한 예수 믿는 자를 의롭다 하려 하심이라. (롬 3:25-26)

과거에는 죄의 자녀였지만, 이제는 예수 그리스도 안에서 그분의 생명을 취하여, 예수 그리스도의 생명 안에 있게 되는 것이지요. 그리고 주님의 이름으로 오시는 성령님께서 늘 우리 안에 내주하시며, 우리를 인도하시는 것이지요. 믿음은 바로 이런 것입니다. 우리를 죄와 죽음에서 건져내고 영생을 얻게 하는 힘이 있습니다. 그래서 주 예수 그리스도를 믿어야 하는 것입니다.

이는 죄가 사망 안에서 왕 노릇 한 것 같이 은혜도 또한 의로 말미암아 왕 노릇 하여 우리 주 예수 그리스도로 말미암아 영생에 이르게 하려 함이라. (롬5:21)

3.
성도의 고난과 간구의 기도

그 날에는 너희가 아무 것도 내게 묻지 아니하리라 내가 진실로 진실로 너희에게 이르노니 너희가 무엇이든지 아버지께 구하는 것을 내 이름으로 주시리라. 지금까지는 너희가 내 이름으로 아무 것도 구하지 아니하였으나 구하라 그리하면 받으리니 너희 기쁨이 충만하리라. 이것을 비유로 너희에게 일렀거니와 때가 이르면 다시는 비유로 너희에게 이르지 않고 아버지에 대한 것을 밝히 이르리라. 그 날에 너희가 내 이름으로 구할 것이요 내가 너희를 위하여 아버지께 구하겠다 하는 말이 아니니, 이는 너희가 나를 사랑하고 또 내가 하나님께로부터 온 줄 믿었으므로 아버지께서 친히 너희를 사랑하심이라. (요16:23-27)

우리는 예수 그리스도를 믿는 믿음으로 우리에게 필요한 모든 것을 우리 주 하나님께로부터 공급받게 됩니다.

우리는 필요한 모든 것을 예수 그리스도의 이름으로 성부 하나님께 구하게 되는 것이지요. 이것은 예수 그리스도께서 우리에게 약속하신 사실이기 때문입니다.

우리가 구해야 하는 이유

주님께서는 하나님의 영광을 위하여 우리가 성부 하나님께 무엇이든지 예수 그리스도의 이름으로 구하면 우리에게 주신다고 약속하셨습니다,

진실로 다시 너희에게 이르노니 너희 중의 두 사람이 땅에서 합심하여 무엇이든지 구하면 하늘에 계신 내 아버지께서 그들을 위하여 이루게 하시리라. (마 18:19)

내 이름으로 무엇이든지 내게 구하면 내가 행하리라. (요

14:14)

그를 향하여 우리가 가진 바 담대함이 이것이니 그의 뜻대로 무엇을 구하면 들으심이라. (요일 5:14)

예수 그리스도께서 십자가 위에서 희생 제물이 되시어 몸 버려 피 흘리시며, 우리를 위한 대속의 죽음을 죽으신 후, 사흘 간 무덤에 계시다가 다시 살아나시어 하늘로 올리우셨습니다.

우리는 주님께서 부활하신 것처럼, 우리 또한 하나님께서 거하시는 천국에서 영원히 살 것을 믿습니다. 주님께서 우리에게 부활에 대한 소망을 주셨기 때문입니다.

천국에 대한 소망의 삶을 살기 위해서는 이 세상에 사는 동안 주님의 함께하심에 대한 우리의 믿음이 확고해야 합니다. 하나님에 대한 우리의 믿음과 주님의 함께하심을 기도와 간구함으로써 우리는 주님의 도우심을 구할 수 있습니다.

우리가 구할 것

우리가 성부 하나님께 구하는 것은 주님의 희생에 대한 감사요, 우리의 믿음을 견고히 해 주시기를 바라는 것입니다.

예수 그리스도께서 우리가 믿는 구원의 믿음을 흔들리지 않도록 굳건히 붙잡아 주시기를 구하는 것이 우리의 기도 제목이 됩니다. 우리는 기도할 때 주님의 영광을 위하여 행할 수 있도록 구해야 할 것입니다.

그런즉 너희가 먹든지 마시든지 무엇을 하든지 다 하나님의 영광을 위하여 하라. (고전 10:31)

그리스도인들이 구하는 것은 세상 사람들처럼 이 세상에 속한 돈과 재물이 아닙니다. 예수 그리스도의 구원의 은총과 하늘나라를 소망하는 믿음이며, 이 땅에 사는 동안 성부 하나님께로부터 예수님의 이름으로 오시는 보혜사 성령님의 도우심과 인도하심을 구하는 것입니다. 그 이유는 그리스도인은 영원한 생명이 있는 하늘나라를 소망하며 살아가기 때문입니다.

내가 너희에게 말하노니 비록 벗 됨으로 인하여서는 일어나서 주지 아니할지라도 그 간청함을 인하여 일어나 그 요구대로 주리라. 내가 또 너희에게 이르노니 구하라 그러면 너희에게 주실 것이요 찾으라 그러면 찾아낼 것이요 문을 두드리라 그러면 너희에게 열릴 것이니, 구하는 이마다 받을 것이요 찾는 이는 찾아낼 것이요 두드리는 이에게는 열릴 것이니라. 너희 중에 아버지 된 자로서 누가 아들이 생선을 달라 하는데 생선 대신에 뱀을 주며, 알을 달라 하는데 전갈을 주겠느냐, 너희가 악할지라도 좋은 것을 자식에게 줄 줄 알거든 하물며 너희 하늘 아버지께서 구하는 자에게 성령을 주시지 않겠느냐 하시니라. (눅11:8-:13)

예수님께서 성부 하나님께 기도하시며 기도의 본을 보이신 것처럼, 우리가 구할 것은 바로 예수님께서 우리와 함께하심이며, 성부 하나님께서 예수님의 이름으로 보내실 성령님의 도우심과 함께하심을 구하는 것입니다.

진리이신 주님께서 죄인일 수밖에 없는 우리들을 거룩

하게 하시고, 하나님의 영원하신 사랑이 우리를 떠나지 않고, 늘 우리와 함께하시기를 구하는 것입니다.

예수께서 이르시되 내가 곧 길이요 진리요 생명이니 나로 말미암지 않고는 아버지께로 올 자가 없느니라. (요14:6)

그들을 진리로 거룩하게 하옵소서. 아버지의 말씀은 진리니이다. (요17:17)

내가 아버지의 이름을 그들에게 알게 하였고, 또 알게 하리니, 이는 나를 사랑하신 사랑이 그들 안에 있고, 나도 그들 안에 있게 하려 함이니이다. (요17:26)

성부 하나님께서 예수님의 이름으로 보내시는 진리의 성령님께서 우리에게 오시므로, 성령님께서 우리를 진리 가운데로 인도하시고, 또한 예수님의 영광을 우리에게 나타내 보이실 것입니다.

그러나 진리의 성령이 오시면, 그가 너희를 모든 진리 가운데로 인도하시리니, 그가 스스로 말하지 않고 오직 들은 것을 말하며, 장래 일을 너희에게 알리시리라. 그가 내 영광을 나타내리니, 내 것을 가지고 너희에게 알리시겠음이라. (요16:13-14)

우리는 하나님께서 예수 그리스도의 이름으로 우리에게 보내시는 보혜사 성령님의 오심과 도우심, 그리고 늘 우리와 함께하심을 구해야 합니다.

내가 아버지께 구하겠으니 그가 또 다른 보혜사를 너희에게 주사 영원토록 너희와 함께 있게 하리니 (요14:16)

그는 진리의 영이라 세상은 능히 그를 받지 못하나니 이는 그를 보지도 못하고 알지도 못함이라 그러나 너희는 그를 아나니 그는 너희와 함께 거하심이요 또 너희 속에 계시겠음이라. (요14:17)

보혜사 곧 아버지께서 내 이름으로 보내실 성령 그가 너희에게 모든 것을 가르치고 내가 너희에게 말한 모든 것을 생각나게 하리라. (요14:26)

그러나 내가 너희에게 실상을 말하노니 내가 떠나가는 것이 너희에게 유익이라 내가 떠나가지 아니하면 보혜사가 너희에게로 오시지 아니할 것이요 가면 내가 그를 너희에게로 보내리니 (요16:7)

고난이 올 때의 간구

어느 누구에게나 고난은 늘 있듯이, 예수 그리스도를 믿고 따르는 그리스도인에게도 고난은 늘 있기 마련입니다.

물론 예수 그리스도를 믿는 이들이 받는 고난이 이 세상 사람들이 받는 고난과 동일하거나, 혹은 똑 같다고 말할 수는 없습니다. 오히려 그리스도인이 겪는 고난이 이 세상 사람들 보다 더 크고 많다고 말할 수 있지요.

예수 그리스도를 믿는다는 한 가지 이유만으로도 그리스도인이 이 세상으로 부터 환난과 고난을 당하는 경우가 참 많습니다.

그리스도인들이 이 세상 사람들과 영적으로 구별되어 있다고 해도, 그리스도인이라는 이유 때문에 이 세상 사람들이 받는 어려움과 고난이 그리스도인들을 피해가지는 않습니다.

우리가 당하는 모든 어려움과 환난과 고난은 주님께 부르짖을 기도의 대상이 되고, 또한 우리는 이 환난과 고난을 벗어날 수 있도록 주님께 기도하여야 합니다.

주님께서는 환난 날에 부르짖는 우리의 기도에 반드시 응답하시겠다고 약속하셨습니다.

환난 날에 나를 부르라 내가 너를 건지리니, 네가 나를 영화롭게 하리로다. (시50:15)

그리스도인이 받는 고난은 일반적으로 여러 가지 어려운 환경과 여건으로 다가오기도 하지만, 어떤 이에게는 예수 그리스도인의 이름 때문에 죽음이라는 큰 환난으로 다가올 수도 있습니다.

이런 사실은 우리 주 예수님의 십자가 위에서의 죽으심뿐만 아니라, 예수님의 제자들의 마지막 순교의 여정에서도 알 수 있습니다. 예수님의 제자들 대부분은 순교로서 생을 마감하고, 주님 품으로 돌아갔기 때문입니다.

예수님의 제자들 외에도 주님을 따르는 많은 그리스도인들이 주님의 이름 때문에 형장에서 죽음을 맞이했습니다. 이 순교의 여정은 오늘날에도 주님을 따르는 많은 그리스도인들이 동일하게 맞이하는 현실입니다. 그 순교의 여정을 따르는 이유는, 오직 예수 그리스도! 우리 주님의 이름 때문입니다.

기도와 간구에 대한 응답

환난과 고난을 당할 때, 그리스도인은 예수 그리스도의 이름으로 하나님께 부르짖어 기도하게 됩니다. 환난과 고난 중에 드리는 우리의 기도를 들으시고, 주님께서 반드시 응답하신다고 약속하셨기 때문입니다.

주님께서는 고난 중에 드리는 우리의 기도를 들으시고, 우리에게 피할 길을 내시며, 평안의 길로 인도하시며, 환난과 죄와 죽음에서 우리를 반드시 구원하여 내실 것입니다. 우리의 믿음이 여기에 있습니다. 우리는 예수 그리스도를 믿는 믿음으로 하나님께 의롭다함을 받은 사람들이기 때문입니다

사람이 감당할 시험 밖에는 너희가 당한 것이 없나니 오직 하나님은 미쁘사 너희가 감당하지 못할 시험 당함을 허락하지 아니하시고 시험 당할 즈음에 또한 피할 길을 내사 너희로 능히 감당하게 하시느니라. (고전10:13)

우리는 주님께 기도하며, 우리의 길을 주님께 모두 맡기며, 주님의 약속의 말씀을 믿고 붙잡고 그분께 나아갑니다. 환난 날에 우리의 기도를 들으시고 응답하시겠다는 주님의 약속의 말씀을 견고히 믿고 확증하기 때문입니다.

여호와의 말씀이니라. 너희는 너희가 두려워하는 바벨론의 왕을 겁내지 말라. 내가 너희와 함께 있어 너희를 구원하며 그의 손에서 너희를 건지리니 두려워하지 말라. (렘42:11)

고난 중에 우리가 주님을 만날 수 있는 길은 오직 주님만을 믿고 의지하며, 주님만을 간절히 찾고 찾을 때입니다. 성경은 끊임없이 우리가 주님께 기도할 때 주님을 만날 수 있게 되리라고 약속하고 있습니다.

여호와의 말씀이니라. 너희를 향한 나의 생각을 내가 아나니 평안이요 재앙이 아니니라. 너희에게 미래와 희망을 주는 것이니라, 너희가 내게 부르짖으며 내게 와서 기도하면, 내가 너희들의 기도를 들을 것이요. 너희가 온 마음으로 나를 구하면 나를 찾을 것이요 나를 만나리라. (렘29:11-13)

고난이 찾아올 때 그리스도인은 선한 하나님의 도우심과 그분의 영광의 찾아오심을 바라며, 하늘나라를 바라며 소망하며 간구하는 것입니다.

나는 하나님께 부르짖으리니 여호와께서 나를 구원하시

리로다. (시55:16)

고난 중의 기도와 간구의 결과는 평안이며, 부귀와 존귀라고 성경은 가르칩니다. 고난 중에 우리가 얻게 되는 가장 큰 기쁨은 주님께서 우리의 기도에 응답하신다는 사실입니다. 우리가 주님을 믿고 의뢰하고 기대하는 가장 큰 복은 바로 주님께서 우리와 함께하시며, 우리의 기도에 응답하시겠다는 그 약속의 말씀입니다. 고난 중에 드리는 우리의 기도에 주 하나님께서 응답하신다는 사실을 성경 말씀을 통해서 알 수 있습니다.

나를 사랑하는 자들이 나의 사랑을 입으며, 나를 간절히 찾는 자가 나를 만날 것이니라. 부귀가 내게 있고 장구한 재물과 공의도 그러하니라. (잠8:17-18)

그러므로 우리가 믿음으로 의롭다 하심을 받았으니, 우리 주 예수 그리스도로 말미암아 하나님과 화평을 누리자. 또한 그로 말미암아 우리가 믿음으로 서 있는 이 은혜에 들어감을 얻었으며 하나님의 영광을 바라고 즐거워하느니라. 다만 이뿐 아니라 우리가 환난 중에도 즐거워하나니 이는 환

난은 인내를, 인내는 연단을, 연단은 소망을 이루는 줄 앎이
로다. 소망이 우리를 부끄럽게 하지 아니함은 우리에게 주신
성령으로 말미암아 하나님의 사랑이 우리 마음에 부은 바
됨이니 (롬 5:1-5)

4.
선한 사람, 악한 사람

복 있는 사람은 악인들의 꾀를 따르지 아니하며 죄인들의
길에 서지 아니하며 오만한 자들의 자리에 앉지 아니하고,
오직 여호와의 율법을 즐거워하여 그의 율법을 주야로 묵
상하는도다 그는 시냇가에 심은 나무가 철을 따라 열매를
맺으며 그 잎사귀가 마르지 아니함 같으니 그가 하는 모든
일이 다 형통하리로다.

악인들은 그렇지 아니함이여 오직 바람에 나는 겨와 같도
다. 그러므로 악인들은 심판을 견디지 못하며 죄인들이 의
인들의 모임에 들지 못하리로다. 무릇 의인들의 길은 여호와
께서 인정하시나 악인들의 길은 망하리로다. (시1:1-6)

우리가 살다보면 이 세상에는 선한 사람도 있고, 악한 사람도 있습니다. 어떤 경우에는 세상의 악한 사람들의 모습이 너무 많이 보여 걱정이 되는 경우가 있습니다.

선한 사람과 악한 사람의 구분의 근거는 무엇일까요? 성경은 어떤 사람을 선하다 하며, 어떤 사람을 악하다고 표현할까요? 과연 복 있는 사람은 어떤 사람일까요?

선인과 악인의 모습

성경은 이 세상에 분명히 선인과 악인이 있고, 선한 사람은 하나님을 경외하는 사람이라고 가르칩니다.

가장 복된 사람은 하나님의 말씀을 즐거워하며, 하나님을 경외하는 사람입니다. 우리 그리스도인들은 하나님의 말씀을 따르며, 그분을 경외하며 살아야 할 것입니다. 이것이 궁극적인 그리스도인의 복된 삶의 모습입니다.

복 있는 사람은 악인들의 꾀를 따르지 아니하며 죄인들의 길에 서지 아니하며 오만한 자들의 자리에 앉지 아니하고, 오직 여호와의 율법을 즐거워하여 그의 율법을 주야로 묵상하는도다. 그는 시냇가에 심은 나무가 철을 따라 열매를 맺으며 그 잎사귀가 마르지 아니함 같으니 그가 하는 모든 일이 다 형통하리로다.

악인들은 그렇지 아니함이여 오직 바람에 나는 겨와 같도다. 그러므로 악인들은 심판을 견디지 못하며 죄인들이 의인들의 모임에 들지 못하리로다. 무릇 의인들의 길은 여호와께서 인정하시나 악인들의 길은 망하리로다. (시1:1-6)

선한 모습의 사람들은 하나님의 말씀을 순종하며, 그 삶이 선한 열매를 맺어 나타나 보입니다. 우리는 성경 말씀을 통하여 선한 사람의 모습을 분명히 깨달아 알 수 있습니다.

여호와여 주의 장막에 머무를 자 누구오며 주의 성산에 사는 자 누구오니이까? 정직하게 행하며 공의를 실천하며 그의 마음에 진실을 말하며, 그의 혀로 남을 허물하지 아니하고 그의 이웃에게 악을 행하지 아니하며 그의 이웃을 비방하지 아니하며, 그의 눈은 망령된 자를 멸시하며 여호와를 두려워하는 자들을 존대하며 그의 마음에 서원한 것은 해로울지라도 변하지 아니하며, 이자를 받으려고 돈을 꾸어 주지 아니하며 뇌물을 받고 무죄한 자를 해하지 아니하는 자이니 이런 일을 행하는 자는 영원히 흔들리지 아니하리이다. (시15:1-5)

성경은 악인의 모습을 여러 불의한 사람으로 표현합니다. 구약성경 시편과 예언서 등에서 악인의 행태를 기록한 말씀에서 악인의 모습을 살펴보게 됩니다. 악인은 선하지 않은 사람들이며, 끊임없이 거짓을 말하며, 탐욕이 가득한 사람들입니다.

주는 죄악을 기뻐하는 신이 아니시니 악이 주와 함께 머물지 못하며, 오만한 자들이 주의 목전에 서지 못하리이다 주는 모든 행악자를 미워하시며, 거짓말하는 자들을 멸망시키시리이다. 여호와께서는 피 흘리기를 즐기는 자와 속이는 자를 싫어하시나이다. (시5:4-6)

악인은 그의 마음의 욕심을 자랑하며 탐욕을 부리는 자

는 여호와를 배반하여 멸시하나이다. 악인은 그의 교만한 얼굴로 말하기를 여호와께서 이를 감찰하지 아니하신다 하며 그의 모든 사상에 하나님이 없다 하나이다. (시10:3-4)

신약성경은 악한 사람들을 가리켜 이 세상에 속한 사람들이라고 밝히 알립니다. 악한 사람들은 결코 하나님께 속할 수 없습니다.

너희가 세상에 속하였으면 세상이 자기의 것을 사랑할 것이나, 너희는 세상에 속한 자가 아니요. 도리어 내가 너희를 세상에서 택하였기 때문에 세상이 너희를 미워하느니라. (요15:19)

예수께서 대답하시되 내 나라는 이 세상에 속한 것이 아니니라. 만일 내 나라가 이 세상에 속한 것이었더라면, 내 종들이 싸워 나로 유대인들에게 넘겨지지 않게 하였으리라. 이제 내 나라는 여기에 속한 것이 아니니라. (요18:36)

예수를 시인하지 아니하는 영마다 하나님께 속한 것이 아니니, 이것이 곧 적그리스도의 영이니라. 오리라 한 말을 너

희가 들었거니와 지금 벌써 세상에 있느니라. (요일4:3)

그들은 세상에 속한 고로 세상에 속한 말을 하매 세상이 그들의 말을 듣느니라. (요일4:5)

성경은 악한 사람과 선한 사람을 구체적으로 구분하여 말씀합니다. 우리는 선한 사람과 악한 사람의 기준을 성경을 통해서 분별해 낼 수가 있습니다.

예수님께서도 육체에 속한 사람들의 모습들을 구체적으로 교훈하여 말씀하신 경우가 있습니다. 악한 이들의 결말은 영영히 꺼지지 않는 불 가운데의 지옥이라는 사실을 예수님의 가르침을 통해서 분명히 알 수 있습니다.

또 이르시되 사람에게서 나오는 그것이 사람을 더럽게 하느니라. 속에서 곧 사람의 마음에서 나오는 것은 악한 생각 곧 음란과 도둑질과 살인과 간음과 탐욕과 악독과 속임과 음탕과 질투와 비방과 교만과 우매함이니, 이 모든 악한 것이 다 속에서 나와서 사람을 더럽게 하느니라. (막7:20-23)

만일 네 발이 너를 범죄하게 하거든 찍어버리라 다리 저는 자로 영생에 들어가는 것이 두 발을 가지고 지옥에 던져지는 것보다 나으니라. 만일 네 눈이 너를 범죄하게 하거든 빼버리라 한 눈으로 하나님의 나라에 들어가는 것이 두 눈을 가지고 지옥에 던져지는 것보다 나으니라. 거기에서는 구더기도 죽지 않고 불도 꺼지지 아니하느니라. 사람마다 불로써 소금 치듯 함을 받으리라. (막9:45-49)

그리스도인은 선한 사람과 악한 사람을 분별하며, 선한 그리스도인으로서의 삶을 살아야 할 것입니다. 이것이 빛과 소금이 되는 착한 행실로 하나님께 영광을 돌리는 그리스도인의 삶이 될 것입니다.

형제들아 너희가 자유를 위하여 부르심을 입었으나 그러나 그 자유로 육체의 기회를 삼지 말고 오직 사랑으로 서로 종 노릇 하라. 온 율법은 네 이웃 사랑하기를 네 자신 같이 하라 하신 한 말씀에서 이루어졌나니, 만일 서로 물고 먹으면 피차 멸망할까 조심하라. 내가 이르노니 너희는 성령을 따라 행하라 그리하면 육체의 욕심을 이루지 아니하리라. 육체의 소욕은 성령을 거스르고 성령은 육체를 거스르나니 이 둘이 서로 대적함으로 너희가 원하는 것을 하지 못하게 하려 함이니라. 너희가 만일 성령의 인도하시는 바가 되면 율법 아래에 있지 아니하리라. (요일4:7-11)

육체의 일은 분명하니 곧 음행과 더러운 것과 호색과 우상 숭배와 주술과 원수 맺는 것과 분쟁과 시기와 분냄과 당 짓는 것과 분열함과 이단과 투기와 술 취함과 방탕함과 또 그와 같은 것들이라 전에 너희에게 경계한 것 같이 경계하노니 이런 일을 하는 자들은 하나님의 나라를 유업으로 받지 못할 것이요. (갈5:13-21)

주님을 따르는 삶

선한 사람과 악한 사람의 궁극적인 모습의 차이는 하나님을 경외함과 그렇지 않음이라는 차이로 성경은 설명합니다.

우리는 다 죄인이기에 죄로 인한 죽음을 숙명으로 받

아들일 수밖에 없습니다. 그리스도인이 궁극적으로 하나님 앞에 설 수 있는 것은 우리의 죄를 대속하신 우리 예수 그리스도의 대속하신 사실을 믿는 믿음이 우리에게 있기 때문입니다. 이 믿음도 주님께서 허락하실 때만 가능한 일입니다.

그리스도인은 예수님께서 우리의 죄를 대속하신 사랑을 믿기에 궁극적으로 우리를 구속하신 하나님을 경외하지 않을 수 없는 것입니다.

그리스도인은 우리의 주님이신 예수 그리스도를 믿음으로 주님께서 본을 보이신 사랑이라는 사람의 법에 매였습니다.

형제들아 너희가 자유를 위하여 부르심을 입었으나, 그러나 그 자유로 육체의 기회를 삼지 말고, 오직 사랑으로 서로 종노릇 하라. (갈5:13)

사랑하는 자들아 우리가 서로 사랑하자 사랑은 하나님께 속한 것이니 사랑하는 자마다 하나님으로부터 나서 하나님을 알고, 사랑하지 아니하는 자는 하나님을 알지 못하나니 이는 하나님은 사랑이심이라. 하나님의 사랑이 우리에게 이렇게 나타난 바 되었으니 하나님이 자기의 독생자를 세상에 보내심은 그로 말미암아 우리를 살리려 하심이라. 사랑은 여기 있으니 우리가 하나님을 사랑한 것이 아니요 하나님이 우리를 사랑하사 우리 죄를 속하기 위하여 화목제물로 그 아들을 보내셨음이라. 사랑하는 자들아 하나님이 이같이 우리를 사랑하셨은즉 우리도 서로 사랑하는 것이 마땅하도다. (요일4:7-11)

우리의 삶의 궁극적인 목적은 예수 그리스도를 닮아 그분의 삶을 본받으며, 그분의 길을 따라가는 것입니다.

너희는 세상의 소금이니 소금이 만일 그 맛을 잃으면 무엇으로 짜게 하리요 후에는 아무 쓸 데 없어 다만 밖에 버려져 사람에게 밟힐 뿐이니라. 너희는 세상의 빛이라 산 위에 있는 동네가 숨겨지지 못할 것이요. 사람이 등불을 켜서 말 아래에 두지 아니하고 등경 위에 두나니 이러므로 집 안 모든 사람에게 비치느니라. 이같이 너희 빛이 사람 앞에 비치게 하여 그들로 너희 착한 행실을 보고 하늘에 계신 너희

아버지께 영광을 돌리게 하라. (마5:13-16)

과거에는 율법에 매여 죄로 죽을 수밖에 없었지만, 이제 우리는 주님을 사랑하며, 주님을 섬기는 즐거움과 기쁨 속에 살아갑니다. 그 이유는 예수 그리스도께서 우리의 허물을 대신하여 죽으심으로 우리의 허물과 죄를 친히 사하셨기 때문입니다.

그는 허물과 죄로 죽었던 너희를 살리셨도다. (엡 2:1)

이 뜻을 따라 예수 그리스도의 몸을 단번에 드리심으로 말미암아 우리가 거룩함을 얻었노라. (히10:10)

우리가 주님을 섬김과 사랑과 감사는, 예수 그리스도! 우리 주님께서 십자가 위에서 우리를 대신하여 죽으셨기 때문입니다.

사람의 모양으로 나타나사 자기를 낮추시고 죽기까지 복종하셨으니 곧 십자가에 죽으심이라. (빌 2:8)

예수님께서 십자가 위에서 죽으심으로 우리의 죄를 대속하신 은혜를 베푸시지 않으셨다면, 우리의 영혼까지도 죄로 죽을 수밖에 없었을 것입니다.

우리가 알거니와 우리의 옛 사람이 예수와 함께 십자가에 못 박힌 것은 죄의 몸이 죽어 다시는 우리가 죄에게 종 노릇 하지 아니하려 함이니 (롬6:6)

우리는 주님의 구속의 은총을 늘 감사합니다. 예수 그리스도! 우리의 주님이신 예수 그리스도를 믿고 섬기며 따르는 믿음의 확증이 바로 우리가 주님을 사랑하는 증거가 됩니다.

너희는 믿음 안에 있는가 너희 자신을 시험하고 너희 자신을 확증하라 예수 그리스도께서 너희 안에 계신 줄을 너희가 스스로 알지 못하느냐 그렇지 않으면 너희는 버림 받은 자니라. (고후 13:5)

주님을 믿고 따르는 사람들은 주님을 닮아가는 삶을 살아갑니다. 그 이유는 오직 단 한 가지, 예수 그리스도의 구속하신 은혜와 사랑을 늘 한없이 감사하기 때문입니다.

그리스도인은 예수 그리스도께서 친히 실천하신 사랑의 법에 매였습니다. 그 사랑은 주님께서 우리 인간을 위하여 친히 그분 자신의 몸을 내어주신 사랑입니다.

피차 사랑의 빚 외에는 아무에게든지 아무 빚도 지지 말라 남을 사랑하는 자는 율법을 다 이루었느니라. (롬13:8)

오직 성령의 열매는 사랑과 희락과 화평과 오래 참음과 자비와 양선과 충성과 온유와 절제니 이같은 것을 금지할 법이 없느니라. 그리스도 예수의 사람들은 육체와 함께 그 정욕과 탐심을 십자가에 못 박았느니라. 만일 우리가 성령으로 살면 또한 성령으로 행할지니, 헛된 영광을 구하여 서로 노엽게 하거나 서로 투기하지 말지니라. (갈5:22-26)

악한 사람들이 가는 길

악한 사람들은 주님의 길을 저버린 사람들입니다. 더 이상 주님이 필요 없고, 세상에 매인 삶을 사는 사람들입니다.

이 세상에 속한 대표적인 모습은 시편 5편이 가르치는 바와 같습니다. 주님 앞에 오만한 자와 악을 행하며, 거짓말하는 사람들입니다.

주님께서는 피 흘리는 자들과 속이는 사람들을 싫어하십니다. 이들은 결코 하나님의 나라에 들어갈 수 없습니다.

주는 죄악을 기뻐하는 신이 아니시니 악이 주와 함께 머물지 못하며, 오만한 자들이 주의 목전에 서지 못하리이다 주는 모든 행악자를 미워하시며, 거짓말하는 자들을 멸망시키시리이다. 여호와께서는 피 흘리기를 즐기는 자와 속이는 자를 싫어하시나이다. (시 5:4-6)

악행을 표현하는 모습은 예수님의 가르침이신 복음서에도 소개가 되며, 갈라디아서에서는 구체적으로 그 모양을 여러 모로 설명합니다.

속에서 곧 사람의 마음에서 나오는 것은 악한 생각 곧 음란과 도둑질과 살인과 간음과 탐욕과 악독과 속임과 음탕과 질투와 비방과 교만과 우매함이니, 이 모든 악한 것이 다 속에서 나와서 사람을 더럽게 하느니라. (막7:21-23)

그러므로 땅에 있는 지체를 죽이라 곧 음란과 부정과 사욕과 악한 정욕과 탐심이니 탐심은 우상 숭배니라. 이것들로 말미암아 하나님의 진노가 임하느니라. (골3:5-6)

육체의 소욕은 성령을 거스르고 성령은 육체를 거스르나니 이 둘이 서로 대적함으로 너희가 원하는 것을 하지 못하게 하려 함이니라. 너희가 만일 성령의 인도하시는 바가 되면 율법 아래에 있지 아니하리라. 육체의 일은 분명하니 곧 음행과 더러운 것과 호색과 우상 숭배와 주술과 원수 맺는 것과 분쟁과 시기와 분냄과 당 짓는 것과 분열함과 이단과 투기와 술 취함과 방탕함과 또 그와 같은 것들이라 전에 너희에게 경계한 것 같이 경계하노니, 이런 일을 하는 자들은 하나님의 나라를 유업으로 받지 못할 것이요. (갈 5:17-21)

우리가 성경말씀을 통해서 구체적으로 알 수 있는 사실 하나는 행악하는 자는 하나님과 함께 설 수가 없다는 것입니다. 하나님은 공평과 정의의 하나님이시기 때문입니다.

예수 그리스도를 믿는 사람들과 믿음이 없는 사람들과의 궁극적인 차이는 삶의 본질입니다. 그 살아가는 삶의 이유와 삶의 목적, 그리고 미래에 대한 소망의 문제입니다.

예수 그리스도를 믿는 사람들은 선한 양심을 가지고 있습니다. 그래서 다른 사람들을 해롭게 하지 못합니다. 무엇이든 베풀고 싶어 하는 마음이 가득합니다. 하나님 보시기에 정직하며, 남을 속이지 않으며, 악을 행하지 않습니다.

이 교훈의 목적은 청결한 마음과 선한 양심과 거짓이 없

는 믿음에서 나오는 사랑이거늘 (딤전1:5)

선한 양심을 가지라 이는 그리스도 안에 있는 너희의 선행을 욕하는 자들로 그 비방하는 일에 부끄러움을 당하게 하려 함이라. (벧전3:16)

물은 예수 그리스도께서 부활하심으로 말미암아 이제 너희를 구원하는 표니 곧 세례라 이는 육체의 더러운 것을 제하여 버림이 아니요 하나님을 향한 선한 양심의 간구니라. (벧전3:21)

악한 이들은 그렇지 않습니다. 오직 이 세상에서 자신의 이익만을 탐할 뿐이며, 그들은 자신의 이득을 위해서라면 무엇이든 물불을 가리지 않습니다.

또 내가 내 영혼에게 이르되 영혼아 여러 해 쓸 물건을 많이 쌓아 두었으니 평안히 쉬고 먹고 마시고 즐거워하자 하리라 하되, 하나님은 이르시되 어리석은 자여 오늘 밤에 네 영혼을 도로 찾으리니 그러면 네 준비한 것이 누구의 것이 되겠느냐 하셨으니, 자기를 위하여 재물을 쌓아 두고 하나

님께 대하여 부요하지 못한 자가 이와 같으니라. (눅2:19-21)

그리스도인은 선한 양심으로 인하여, 주님께로부터 착한 행실을 본 받아서 선을 베풀며 살아갑니다. 만약 그리스도인이라고 여긴다면, 악한 이들의 행실을 본 받아서는 안 될 것입니다. 만약 악한 행실에 빠졌다면 회개하며, 다시 그리스도인의 삶으로 돌아와야 할 것입니다.

그리스도인은 늘 주님 앞에 부족함을 느끼며, 겸손하며, 하나님을 경외하며, 죄를 회개하며 우리 주님을 섬기는 마음으로 살아가는 것이 올바릅니다. 바로 이런 삶의 모습이야말로 천국을 소망하는 바람직한 삶의 자세이며, 바른 그리스도인이 있어야할 삶의 자리입니다.

5.
천국과 지옥

모든 눈물을 그 눈에서 닦아 주시니 다시는 사망이 없고
애통하는 것이나 곡하는 것이나 아픈 것이 다시 있지 아니
하리니 처음 것들이 다 지나갔음이러라. (계21:4)

천국과 지옥은 과연 있을까요? 천국과 지옥이 있다면 과연 어떤 모습일까요? 우리는 주님의 말씀을 따라 천국과 지옥의 모습을 어렴풋이나마 조금이라도 살필 수 있습니다. 만약 우리가 천국과 지옥의 존재를 명확히 알고 느낀다면, 우리는 영원한 생명이 있는 천국에 소망을 두고 살게 될 것입니다.

영생과 천국에 대한 소망

그리스도인들이 예수님께로부터 받는 보상은 바로 영생입니다. 이 영생은 영원히 주님과 함께 사는 것이며, 주님께서 계시는 하늘나라입니다.

또 아는 것은 하나님의 아들이 이르러 우리에게 지각을 주사 우리로 참된 자를 알게 하신 것과 또한 우리가 참된 자 곧 그의 아들 예수 그리스도 안에 있는 것이니 그는 참 하나님이시요 영생이시라. (요일5:20)

내 아버지의 뜻은 아들을 보고 믿는 자마다 영생을 얻는 이것이니, 마지막 날에 내가 이를 다시 살리리라 하시니라. (요6:40)

진실로 진실로 너희에게 이르노니 믿는 자는 영생을 가졌나니, 내가 곧 생명의 떡이니라. (요6:47)

그러나 이제는 너희가 죄로부터 해방되고 하나님께 종이 되어 거룩함에 이르는 열매를 맺었으니 그 마지막은 영생이라. (롬 6:22)

죄의 삯은 사망이요 하나님의 은사는 그리스도 예수 우리 주 안에 있는 영생이니라. (롬6:23)

우리는 죽음 이후, 하나님께서 영광의 보좌에 좌정하여 계신 하늘나라로 들어가, 영생을 누리며 살 것을 믿음으로 소망하며 살아갑니다. 그곳은 주님이 빛이 되시며, 더 이상 죽음이 없을 것이며, 죄악과 사망이 없습니다.

천국은 오직 주님만이 빛으로 영원히 빛날 것이며, 우리는 그 곳에서 천군과 천사들과 함께 영원히 주님을 찬미하는 노래를 부르며 살게 될 것입니다.

　모든 눈물을 그 눈에서 닦아 주시니 다시는 사망이 없고 애통하는 것이나 곡하는 것이나 아픈 것이 다시 있지 아니하리니 처음 것들이 다 지나갔음이러라. (계21:4)

　또 그가 수정 같이 맑은 생명수의 강을 내게 보이니, 하나님과 및 어린 양의 보좌로부터 나와서 길 가운데로 흐르더라. 강 좌우에 생명나무가 있어 열두 가지 열매를 맺되 달마다 그 열매를 맺고, 그 나무 잎사귀들은 만국을 치료하기 위하여 있더라. 다시 저주가 없으며, 하나님과 그 어린 양의 보좌가 그 가운데에 있으리니, 그의 종들이 그를 섬기며, 그의 얼굴을 볼 터이요 그의 이름도 그들의 이마에 있으리라. 다시 밤이 없겠고 등불과 햇빛이 쓸 데 없으니, 이는 주 하나님이 그들에게 비치심이라. 그들이 세세토록 왕 노릇 하리로다. (계22:1-5)

천국의 현존과 기대

그리스도인이 누리는 천국의 기쁨은 이 세상에서도 경험할 수 있습니다. 주님께서 함께하시는 천국의 순간은 바로 주님께 기도를 드리는 시간 가운데 주님께서 함께하심으로 알 수 있습니다. 주님과 함께하는 기쁨이 지속되는 이 때가 바로 천국을 경험하게 되는 순간입니다. 이때는 세상도 없고 나도 없고 오직 사랑의 주님만 생각나는 시간입니다.

지속적으로 기도하는 생활 속에서 우리의 삶도 주님을 소망하며 닮아가게 되고, 궁극적으로는 예수 그리스도의 온유와 겸손한 사랑의 성품의 모습을 보이게 되지요.

또 아는 것은 하나님의 아들이 이르러 우리에게 지각을 주사 우리로 참된 자를 알게 하신 것과 또한 우리가 참된 자 곧 그의 아들 예수 그리스도 안에 있는 것이니, 그는 참 하나님이시요 영생이시라. (요일5:20)

그의 신기한 능력으로 생명과 경건에 속한 모든 것을 우리에게 주셨으니 이는 자기의 영광과 덕으로써 우리를 부르신 이를 앎으로 말미암음이라 이로써 그 보배롭고 지극히 큰 약속을 우리에게 주사 이 약속으로 말미암아 너희가 정욕 때문에 세상에서 썩어질 것을 피하여 신성한 성품에 참여하는 자가 되게 하려 하셨느니라. (벧후1:3-4)

우리는 어떻게 천국의 현존을 알고, 어떻게 천국의 임재를 경험할 수 있을까요? 그것은 바로 영광의 주님께 드리는 찬송의 시간, 기도의 시간을 통해서 경험하게 됩니다. 주님께서 함께하시는 기쁨은 말씀 묵상과 기도의 시간을 통해서 이 세상에서도 충분히 체험할 수 있는 것입니다.

예수 그리스도를 신실히 믿는 사람들은 늘 천국을 경험하며 살아갑니다. 아무리 어렵고 난관에 부딪혀도, 기도 시간을 통하여 주님께서 함께하시고 계심을 확증하며, 또 알게 됩니다. 주 하나님과 함께하는 삶, 예수 그리스도를 믿으며 사는 삶이 천국이라는 사실은 정기적이고 지속적인 기도 시간을 통하여 경험하게 됩니다.

주 안에서 항상 기뻐하라 내가 다시 말하노니 기뻐하라. 너희 관용을 모든 사람에게 알게 하라. 주께서 가까우시니라. 아무 것도 염려하지 말고 다만 모든 일에 기도와 간구로, 너희 구할 것을 감사함으로 하나님께 아뢰라. 그리하면 모든 지각에 뛰어난 하나님의 평강이 그리스도 예수 안에서 너희 마음과 생각을 지키시리라. (빌4:4-7)

영원히 불타는 지옥

악인들은 어떻게 될까요? 그들의 마음에는 평안이 없습니다. 주님이 그들 안에 계시지 않기에 이 세상에서 그들은 오직 세상의 이해만 추구할 뿐입니다. 그리스도인들과의 완전히 현저한 차이는 바로 그들이 추구하는 목표점이 다르다는 것입니다.

그리스도인들은 영원한 천국을 소망하며 살지만, 이 세상 사람들은 육체적이고 세상의 사라질 것들에 대한 이득만을 위하여 살아가지요.

또 아는 것은 우리는 하나님께 속하고 온 세상은 악한 자 안에 처한 것이며 (요일5:19)

그들은 세상에 속한 고로 세상에 속한 말을 하매 세상이 그들의 말을 듣느니라. (요일4:5)

이는 세상에 있는 모든 것이 육신의 정욕과 안목의 정욕과 이생의 자랑이니 다 아버지께로부터 온 것이 아니요 세상으로부터 온 것이라. (요일2:16)

믿음이 없는 사람들에게 주어진 것을 불행하게도 하나님의 나라가 아닙니다. 영원히 불타는 지옥일 뿐입니다.

타락한 자들은 다시 새롭게 하여 회개하게 할 수 없나니 이는 그들이 하나님의 아들을 다시 십자가에 못 박아 드러내 놓고 욕되게 함이라. (히6:6)

악행을 일삼는 이들에 대한 주님의 경고는 바로 이 지옥이 영원이 불타는 곳이며, 영원히 고통받는 곳이라는 사실입니다. 거기는 구더기도 죽지 않고, 불로써 소금 치듯 하는 곳이라는 사실을 주님께서 말씀해 주셨습니다.

개들과 점술가들과 음행하는 자들과 살인자들과 우상 숭배자들과 및 거짓말을 좋아하며 지어내는 자는 다 성 밖에 있으리라. (계22:15)

만일 네 눈이 너를 범죄하게 하거든 빼버리라 한 눈으로 하나님의 나라에 들어가는 것이 두 눈을 가지고 지옥에 던져지는 것보다 나으니라. 거기에서는 구더기도 죽지 않고 불도 꺼지지 아니하느니라. 사람마다 불로써 소금 치듯 함을 받으리라. (막9:47-49)

우리는 지옥에 들어가는 일만은 반드시 피해야 할 것입니다.

6.
예수 그리스도 안에서 누리는 평화

평안을 너희에게 끼치노니 곧 나의 평안을 너희에게 주
노라 내가 너희에게 주는 것은 세상이 주는 것과 같지 아니
하니라. 너희는 마음에 근심하지도 말고 두려워하지도 말
라. (요14:27)

우리가 하나님을 믿음으로 얻게 되는 복은 과연 무엇일까요? 이 세상을 사는 동안 우리가 하나님을 믿으며, 예수 그리스도를 섬기며 얻는 가장 큰 복은 우리에게 소망이 있다는 사실입니다.

이 소망은 주님께서 늘 우리와 함께하시겠다는 역속이며, 우리의 기도에 응답하시고, 우리에게 마음의 평안을 허락하시겠다는 말씀입니다.

예수 그리스도 안에서 누리는 평화와 소망

하나님을 경배하는 그리스도인이 예수님과 동행하는 삶에서 누리는 가장 큰 복은 평화(평안)입니다.

우리 그리스도인의 가장 큰 복은 우리가 늘 주님과 함께 있고, 늘 하나님께서 함께하신다는 사실입니다. 주님께서 우리를 인도하실 것이라는 확신과 신뢰를 가지며, 우리 주 예수 그리스도를 믿는 기쁨과 소망을 가지고 사는 것입니다. 또한 주님 안에서 누리는 마음의 평화입니다.

주님 안에서 누리는 이 평화는 이 세상에서 얻는 복과는 완전히 다릅니다. 주님께서 주시는 평화는 오직 우리 주 예수 그리스도께서 우리에게 허락하시는 평안이며, 안전이기 때문입니다.

예수 그리스도의 십자가의 보혈로 우리의 죄를 사하시고, 창조주이신 하나님께서 우리와 화목하시다는 것, 또한 주 하나님께서 늘 함께 계시다는 것, 우리를 인도하신다는 것, 이것이 바로 그리스도인들이 주 하나님 안에서 누리는 평화입니다. 이 평화는 늘 삶에 주어지는 평안이며, 행복이며, 기쁨이며, 소망입니다.

평안을 너희에게 끼치노니 곧 나의 평안을 너희에게 주노라 내가 너희에게 주는 것은 세상이 주는 것과 같지 아니하니라. 너희는 마음에 근심하지도 말고 두려워하지도 말라. (요14:27)

우리 주 예수 그리스도께서 하나님 앞에서 친히 우리

를 위한 화목제물이 되셨습니다. 우리의 죄를 대속하시기 위하여 십자가 위에서 죽으시어, 희생 제물로 자기 자신의 몸을 드리셨기에 우리는 하나님을 '아빠! 아버지!'라고 부르며 하나님 앞에 나아갈 수 있고, 주 하나님께 기도드릴 수 있는 것입니다.

우리의 평안은 세상에서 얻는 평안이 아닙니다. 오직 주 하나님께로부터 주어지는 평안입니다.

예수 그리스도를 믿는 그리스도인들은 늘 하나님의 영광을 바라며 즐거워하여야 합니다. 하나님은 창조주이시며, 절대자이시며, 온 세상 우주 만물을 주관하시는 분이심을 우리는 너무나 잘 알고 있기 때문입니다. 그러므로 우리를 구원하신 위대하신 창조주 하나님을 찬송하며, 주 예수님의 구원의 은혜를 즐거워하며 기뻐하는 것은 당연한 일입니다.

그러므로 우리가 믿음으로 의롭다 하심을 받았으니 우리 주 예수 그리스도로 말미암아 하나님과 화평을 누리자. 또한 그로 말미암아 우리가 믿음으로 서 있는 이 은혜에 들어감을 얻었으며 하나님의 영광을 바라고 즐거워하느니라. 다만 이뿐 아니라 우리가 환난 중에도 즐거워하나니 이는 환난은 인내를, 인내는 연단을, 연단은 소망을 이루는 줄 앎이로다. 소망이 우리를 부끄럽게 하지 아니함은 우리에게 주신 성령으로 말미암아 하나님의 사랑이 우리 마음에 부은 바 됨이니, 우리가 아직 연약할 때에 기약대로 그리스도께서 경건하지 않은 자를 위하여 죽으셨도다. 의인을 위하여 죽는 자가 쉽지 않고 선인을 위하여 용감히 죽는 자가 혹 있거니와 우리가 아직 죄인 되었을 때에 그리스도께서 우리를 위하여 죽으심으로 하나님께서 우리에 대한 자기의 사랑을 확증하셨느니라. 그러면 이제 우리가 그의 피로 말미암아 의롭다 하심을 받았으니 더욱 그로 말미암아 진노하심에서 구원을 받을 것이니, 곧 우리가 원수 되었을 때에 그의 아들의 죽으심으로 말미암아 하나님과 화목하게 되었은즉 화목하게 된 자로서는 더욱 그의 살아나심으로 말미암아 구원을 받을 것이니라. 그뿐 아니라 이제 우리로 화목하게 하신 우리 주 예수 그리스도로 말미암아 하나님 안에서 또한 즐거워하느니라. (롬5:1-11)

우리 그리스도인의 남은 소망은 오직 하나님의 영광의

임재를 기다리며, 그분께서 좌정해 계신 천국에 들어가기를 바라는 것입니다.

주님의 임재를 바라며, 주님의 재림을 기다리는 날들은 우리 그리스도인에게 기쁨입니다. 그 날이 속히 오기를 소망하며 바라며 사는 것은 그리스도인의 삶의 방식이며, 또한 이 세상을 살아가는 그리스도인에게 삶의 원동력이 됩니다.

이 땅을 살아가는 동안 그리스도인이 소망스런 삶을 살 수 있는 이유는 바로 주 예수 그리스도의 현존하심과 장차 오실 주님에 대한 기다림 때문입니다.

우리가 성령으로 믿음을 따라 의의 소망을 기다리노니 (갈 5:5)

복스러운 소망과 우리의 크신 하나님 구주 예수 그리스도의 영광이 나타나심을 기다리게 하셨으니 (딛 2:13)

인간은 하나님께 범죄함으로 하나님과 원수가 되고,

더 이상 하나님께 나갈 수가 없게 되었습니다. 그러나 주 예수 그리스도께서 친히 화목제물이 되시어 우리를 주 하나님과 화목케 하심으로, 우리는 하나님을 아빠 아버지라 부를 수 있게 된 것입니다.

예수님께서 화목제물로 십자가 위에서 죽으신 후, 다시 살아나심으로, 우리가 구원을 받게 하시고 영생을 얻게 하셨습니다. 이러한 이유 때문에 우리의 구원을 이루신 주 예수님을 늘 찬양하며 사는 것입니다.

우리 그리스도인들은 하나님 앞에서 우리 주 예수 그리스도의 구원의 은혜로 말미암아 늘 즐거워합니다.

하나님을 섬기며, 주 예수 그리스도를 믿는 그리스도인들이 구원을 이루신 주 예수 그리스도를 기뻐하며, 그분의 재림을 기다리는 것은 그리스도인으로서 당연한 본분인 것입니다.

우리에게 복된 예수 그리스도를 증거하시는 이는 성부 하나님께로부터 예수 그리스도의 이름으로 오시는 성령 하나님이시며, 또한 예수 그리스도께서 하신 일들과 예수님께서 행하신 말씀을 기록한 성경입니다.

예수께서 대답하시되 내가 너희에게 말하였으되 믿지 아니하는도다. 내가 내 아버지의 이름으로 행하는 일들이 나를 증거하는 것이거늘 (요10:25)

이는 물과 피로 임하신 이시니 곧 예수 그리스도시라. 물로만 아니요 물과 피로 임하셨고 증언하는 이는 성령이시니 성령은 진리니라. (요일5:6)

요한은 하나님의 말씀과 예수 그리스도의 증거 곧 자기가 본 것을 다 증언하였느니라. (계1:2)

함께 모여 예배를 드리는 교회

교회는 예수 그리스도의 이름으로 모인 공동체입니다. 예수 그리스도를 믿는 그리스도인들은 교회에 출석하여 하나님께 영광을 돌리며, 하나님의 구원하심을 기뻐합니다.

아버지께 참되게 예배하는 자들은 영과 진리로 예배할 때가 오나니 곧 이 때라 아버지께서는 자기에게 이렇게 예배하는 자들을 찾으시느니라. (요4:23)

하나님은 영이시니 예배하는 자가 영과 진리로 예배할지니라. (요4:24)

이 기쁨은 예수 그리스도를 믿는 성도들이 예수님의 이름으로 모인 공동체에서 하나님을 찬양하며, 하나님께 영광을 돌리는 즐거움을 함께 나누는 공동체가 드리는 예배에서 얻어집니다.

큰 회중 가운데에서 나의 찬송은 주께로부터 온 것이니 주를 경외하는 자 앞에서 나의 서원을 갚으리이다. (시22:25)

겸손한 자는 먹고 배부를 것이며 여호와를 찾는 자는 그를 찬송할 것이라 너희 마음은 영원히 살지어다. (시22:26)

하나님께 영광을 돌리는 공동체의 교제는 예배입니다. 교회에서 성도들이 할 일은 하나님께 영광을 돌리는 일입니다. 이 일은 기도와 찬송, 그리고 하나님의 말씀을 듣고 배우는 것과 나눔입니다. 하나님을 찬미하며, 주님께서 가르치신 교훈과 말씀을 배우며 실천하는 일은 주 하나님께 기쁨이 되며 영광이 됩니다.

나는 여호와이니 이는 내 이름이라 나는 내 영광을 다른 자에게, 내 찬송을 우상에게 주지 아니하리라. (사42:8)

이 백성은 내가 나를 위하여 지었나니 나를 찬송하게 하려 함이니라. (사 43:21)

예수 그리스도를 따라가는 삶

교회의 성도들이 교회에 함께 모여 예배를 드리며, 예수님의 이름을 전하며, 구제와 자선을 실천하는 일은 우리 주님께서 지극히 좋아하시는 일입니다. 이 일은 그리스도인들의 귀중한 사역입니다. 이렇게 예수님을 기뻐하며 즐거워하는 삶을 살 때, 그리스도인들에게는 평화가 넘치며, 사랑이 넘치며, 은혜가 넘칩니다. 이것이 그리스도인의 바른 삶의 모습입니다.

구제를 좋아하는 자는 풍족하여질 것이요 남을 윤택하게 하는 자는 자기도 윤택하여지리라. (잠11:25)

가난한 자를 구제하는 자는 궁핍하지 아니하려니와 못 본 체하는 자에게는 저주가 크리라. (잠28:27)

그러므로 구제할 때에 외식하는 자가 사람에게서 영광을 받으려고 회당과 거리에서 하는 것 같이 너희 앞에 나팔을 불지 말라 진실로 너희에게 이르노니 그들은 자기 상을 이미 받았느니라. (마6:2)

너는 구제할 때에 오른손이 하는 것을 왼손이 모르게 하여 네 구제함을 은밀하게 하라 은밀한 중에 보시는 너의 아버지께서 갚으시리라. (마6:3)

많은 그리스도인들이 하나님의 사랑을 버리고, 허상을 좇아 세상에 빠져 살아가는 모습은 참으로 안타까운 일입니다.

그리스도인들이 함께 모여 주님께 드리는 예배, 기도, 찬양, 전도, 말씀 나눔, 이런 것들을 잊어버리고, 시기와 질투, 분 냄과 허상인 돈을 좇아 세상의 쾌락에 빠지는 모습은 결코 바람직한 그리스도인의 모습이 아닙니다. 하나님의 형상을 닮은 그리스도인으로서는 반드시 버려야 할 일들입니다.

예수님을 만나는 즐거움을 경험하지 못하면, 세상에 빠지기 마련입니다. 주님을 한 번이라도 만나고 나면, 하나님의 현존하심을 깨닫게 되어, 교회의 예배에 참여를 기다리며 즐거워하게 되고, 하나님께 늘 기도하는 생활을 하게 됩니다. 분명 하나님을 만나면 예수님을 찬양하며, 이웃에게 복음을 전하는 구원의 기쁨을 누리는 삶을 살게 될 것입니다.

곧 하나님 아버지의 미리 아심을 따라 성령이 거룩하게

하심으로 순종함과 예수 그리스도의 피 뿌림을 얻기 위하여 택하심을 받은 자들에게 편지하노니 은혜와 평강이 너희에게 더욱 많을지어다. (벧전1:2)

7.
천국의 상급에 대한 소망

이제 후로는 나를 위하여 의의 면류관이 예비 되었으므로, 주 곧 의로우신 재판장이 그 날에 내게 주실 것이며 내게만 아니라 주의 나타나심을 사모하는 모든 자에게도니라.

(딤후 4:8)

우리는 천국과 지옥이 있다는 사실을 확고히 믿습니다. 그러기에 우리는 오직 주 예수님만을 바라보며 살아갑니다.

우리는 앞으로 예수님을 믿고 천국에서 우리는 영생을 누리며 살게 될 터인데, 우리는 과연 천국에서 어떤 모습으로 살아가게 될까요?

영원한 하늘 나라에 대한 소망

예수 그리스도를 믿는 믿음의 사람들은 죽음 이후에 예수님이 계신 천국(성경은 천국을 하나님의 나라, 하늘이라는 표현을 쓰기도 합니다. 하나님이 계신 곳이라고 이해하면 되겠지요)에 들어간다는 사실을 확고히 믿습니다. 우리가 이 세상의 삶을 다하고 난 뒤 예수님이 계신 천국에서 영생을 누리며 살게 될 것임을 주님께서 분명히 말씀해 주셨으니까요.

주 예수께서 말씀을 마치신 후에 하늘로 올려지사 하나님 우편에 앉으시니라. (막16:19)

나는 하늘에서 내려온 살아 있는 떡이니 사람이 이 떡을 먹으면 영생하리라 내가 줄 떡은 곧 세상의 생명을 위한 내 살이니라 하시니라. (요6:51)

내 살을 먹고 내 피를 마시는 자는 영생을 가졌고 마지막 날에 내가 그를 다시 살리리니 (요6:54)

천국은 어떨까요? 누구나 들어갈 수 있을까요? 우리 주님께서 말씀하시기를 주님을 믿고 시인하는 이마다 천국에 들어갈 수 있게 된다고 말씀해 주셨죠. 한 강도가 예수님께 예수님의 주님 되심을 고백하고, '오늘 나와 함께 낙원에 있으리라.'는 말씀을 듣게 되는 것처럼 말이지요.

나더러 주여 주여 하는 자마다 다 천국에 들어갈 것이 아니요 다만 하늘에 계신 내 아버지의 뜻대로 행하는 자라야 들어가리라. (마7:21)

이르시되 진실로 너희에게 이르노니 너희가 돌이켜 어린 아이들과 같이 되지 아니하면 결단코 천국에 들어가지 못하리라. (마18:3)

그러므로 누구든지 이 어린 아이와 같이 자기를 낮추는 사람이 천국에서 큰 자니라. (마18:4)

진실로 진실로 너희에게 이르노니 믿는 자는 영생을 가졌나니. (요6:47)

영생은 곧 유일하신 참 하나님과 그가 보내신 자 예수 그리스도를 아는 것이니이다. (요17:3)

주께서 나를 모든 악한 일에서 건져내시고 또 그의 천국에 들어가도록 구원하시리니 그에게 영광이 세세무궁토록 있을지어다. 아멘. (딤후4:18)

하나님 앞에 나아가 죄를 회개하며, 예수님을 구주로 믿고 시인하는 이마다, 천국에서 예수님과 함께 있게 될 것이라고 말씀하셨습니다. 그리스도인들에게 가장 큰 복은 바로 이렇게 주 예수님과 늘 함께 기쁨으로 살아갈 수 있다는 것입니다.

베드로가 이르되 너희가 회개하여 각각 예수 그리스도의 이름으로 세례를 받고 죄 사함을 받으라. 그리하면 성령의 선물을 받으리니 (행2:38)

너희가 회개하고 돌이켜 너희 죄 없이 함을 받으라. 이같이 하면 새롭게 되는 날이 주 앞으로부터 이를 것이요. (행3:19)

이스라엘에게 회개함과 죄 사함을 주시려고, 그를 오른손으로 높이사 임금과 구주로 삼으셨느니라. (행5:31)

그러므로 너의 이 악함을 회개하고 주께 기도하라. 혹 마음에 품은 것을 사하여 주시리라. (행8:22)

네가 만일 네 입으로 예수를 주로 시인하며, 또 하나님께서 그를 죽은 자 가운데서 살리신 것을 네 마음에 믿으면 구원을 받으리라. (롬10:9)

하나님의 뜻대로 하는 근심은 후회할 것이 없는 구원에 이르게 하는 회개를 이루는 것이요 세상 근심은 사망을 이루는 것이니라. (고후7:10)

또 아는 것은 하나님의 아들이 이르러 우리에게 지각을 주사 우리로 참된 자를 알게 하신 것과 또한 우리가 참된 자 곧 그의 아들 예수 그리스도 안에 있는 것이니 그는 참 하나님이시요 영생이시라. (요일5:20)

주의 약속은 어떤 이들이 더디다고 생각하는 것 같이 더딘 것이 아니라 오직 주께서는 너희를 대하여 오래 참으사 아무도 멸망하지 아니하고 다 회개하기에 이르기를 원하시느니라. (벧후3:9)

천국에 들어가는 복

성경은 그리스도인들이 이 땅에서 주님 때문에 희생하거나, 복음을 전하여 많은 사람들을 의로 돌아오게 한 이들에 대하여 천국에서 상급이 있을 것임을 말씀합니다. 그 대표적인 상급의 모습이 주 예수님을 믿는 이들에게 주어지는 영광의 관과 의의 면류관입니다.

보라 주 여호와께서 장차 강한 자로 임하실 것이요 친히 그의 팔로 다스리실 것이라 보라 상급이 그에게 있고 보응이 그의 앞에 있으며 (사40:10)

여호와께서 땅 끝까지 선포하시되 너희는 딸 시온에게 이르라 보라 네 구원이 이르렀느니라. 보라 상급이 그에게 있고 보응이 그 앞에 있느니라 하셨느니라. (사62:11)

그런즉 내 상이 무엇이냐 내가 복음을 전할 때에 값없이 전하고 복음으로 말미암아 내게 있는 권리를 다 쓰지 아니하는 이것이로다. (고전 9:18)

이제 후로는 나를 위하여 의의 면류관이 예비 되었으므로, 주 곧 의로우신 재판장이 그 날에 내게 주실 것이며 내게만 아니라 주의 나타나심을 사모하는 모든 자에게도니라. (딤후 4:8)

시험을 참는 자는 복이 있나니 이는 시련을 견디어 낸 자가 주께서 자기를 사랑하는 자들에게 약속하신 생명의 면류관을 얻을 것이기 때문이라. (약1:12)

보라 내가 속히 오리니 내가 줄 상이 내게 있어 각 사람에게 그가 행한 대로 갚아 주리라. (계22:12)

그리스도인들은 예수님의 구속하신 은총을 경험함으로써, 천국에 들어간다는 그 사실 하나만으로도 감사하며, 기뻐하며 즐거워합니다. 예수 그리스도께서 우리의 죄를 구속하시고 용서하심으로써, 우리 그리스도인들은 영원한 생명을 누릴 수 있게 되었으니까요.

천국에서 영생을 누리게 된다는 이 사실 하나만으로도, 그리스도인들은 큰 축복과 은혜로 기뻐하며, 즐거워하며, 천국에 들어갈 그 날을 소망하며 살아갑니다.

인자가 온 것은 섬김을 받으려 함이 아니라 도리어 섬기려하고 자기 목숨을 많은 사람의 대속물로 주려 함이니라. (막10:45)

그리스도께서 하나님 곧 우리 아버지의 뜻을 따라 이 악한 세대에서 우리를 건지시려고 우리 죄를 대속하기 위하여 자기 몸을 주셨으니 (갈1:4)

그가 모든 사람을 위하여 자기를 대속물로 주셨으니 기약이 이르러 주신 증거니라. (딤전2:6)

너희가 알거니와 너희 조상이 물려 준 헛된 행실에서 대속함을 받은 것은 은이나 금 같이 없어질 것으로 된 것이 아니요. (벧전1:18)

그가 빛 가운데 계신 것 같이 우리도 빛 가운데 행하면 우리가 서로 사귐이 있고 그 아들 예수의 피가 우리를 모든 죄에서 *깨끗하게* 하실 것이요. (요일1:7)

만일 우리가 우리 죄를 자백하면 그는 미쁘시고 의로우사 우리 죄를 사하시며 우리를 모든 불의에서 *깨끗하게* 하실 것이요. (요일1:9)

그리스도인들은 그의 이름이 주님 앞에 놓인 생명책

에 기록됨으로써, 불타는 지옥에 떨어지지 않고, 영생을 얻으며 천국에 들어가게 된다는 사실을 믿음으로 늘 소망하며 살아갑니다.

그리스도인이 이 세상의 삶을 나그네 길이라 여기고, 소망스런 삶을 살아갈 수 있는 이유와 그 힘의 원천은 바로 그리스도인이 죽은 후 천국이 예비 되어 있다는 사실을 믿기 때문입니다. 예수 그리스도의 부활하심과 그분의 함께하심을 믿는 믿음은 그리스도인에게 매우 소중한 것입니다.

또 참으로 나와 멍에를 같이한 네게 구하노니 복음에 나와 함께 힘쓰던 저 여인들을 돕고 또한 글레멘드와 그 외에 나의 동역자들을 도우라 그 이름들이 생명책에 있느니라. (빌4:3)

이와 같이 그리스도도 많은 사람의 죄를 담당하시려고 단번에 드리신 바 되셨고, 구원에 이르게 하기 위하여 죄와 상관 없이 자기를 바라는 자들에게 두 번째 나타나시리라. (히 9:28)

이기는 자는 이와 같이 흰 옷을 입을 것이요 내가 그 이름을 생명책에서 결코 지우지 아니하고 그 이름을 내 아버지 앞과 그의 천사들 앞에서 시인하리라. (계3:5)

또 내가 보니 죽은 자들이 큰 자나 작은 자나 그 보좌 앞에 서 있는데 책들이 펴 있고 또 다른 책이 펴졌으니 곧 생명책이라 죽은 자들이 자기 행위를 따라 책들에 기록된 대로 심판을 받으니 (계20:12)

누구든지 생명책에 기록되지 못한 자는 불 못에 던져지더라. (계20:15)

무엇이든지 속된 것이나 가증한 일 또는 거짓말하는 자는 결코 그리로 들어가지 못하되 오직 어린 양의 생명책에 기록된 자들만 들어가리라. (계21:27)

천국의 상급에 대한 기대와 소망

성경은 예수 그리스도의 구속하심의 큰 기쁨을 경험하고 난 그리스도인들에게 더 큰 소망을 갖게 합니다.

예수 그리스도의 십자가를 지고 주님을 따른 결과에 따라, 천국에서 각자 다른 상급을 받을 것이라는 사실은 그리스도인에게는 하늘나라에서 얻어질 또 다른 소망의 기대이며, 기쁨입니다.

나로 말미암아 너희를 욕하고 박해하고 거짓으로 너희를 거슬러 모든 악한 말을 할 때에는 너희에게 복이 있나니, 기뻐하고 즐거워하라 하늘에서 너희의 상이 큼이라 너희 전에 있던 선지자들도 이같이 박해하였느니라. (마5:11-12)

소망의 하나님이 모든 기쁨과 평강을 믿음 안에서 너희에게 충만하게 하사 성령의 능력으로 소망이 넘치게 하시기를 원하노라. (롬 15:13)

우리의 소망이나 기쁨이나 자랑의 면류관이 무엇이냐 그

가 강림하실 때 우리 주 예수 앞에 너희가 아니냐 (살전 2:19)

많은 이들을 죄악에서 돌아오게 한 이들은 하늘의 별과 같이 빛날 것이며, 주님을 따르며, 주님의 이름 때문에 희생하며 순교한 이들은 세마포 흰 옷을 입고, 주님의 곁에서 영원히 주님을 찬송하는 영광을 누리게 될 것입니다.

지혜 있는 자는 궁창의 빛과 같이 빛날 것이요 많은 사람을 옳은 데로 돌아오게 한 자는 별과 같이 영원토록 빛나리라. (단12:3)

너희가 알 것은 죄인을 미혹된 길에서 돌아서게 하는 자가 그의 영혼을 사망에서 구원할 것이며 허다한 죄를 덮을 것임이라. (약5:20)

이기는 자는 이와 같이 흰 옷을 입을 것이요 내가 그 이름을 생명책에서 결코 지우지 아니하고 그 이름을 내 아버지 앞과 그의 천사들 앞에서 시인하리라. (계3:5)

천국의 상급은 흰 예복과 함께, 어떤 이에게는 생명의 면류관, 어떤 이에게는 의의 면류관, 어떤 이에게는 영광의 면류관이 상급으로 주어질 것입니다.

지혜 있는 자는 궁창의 빛과 같이 빛날 것이요 많은 사람을 옳은 데로 돌아오게 한 자는 별과 같이 영원토록 빛나리라. (단12:3)

이제 후로는 나를 위하여 의의 면류관이 예비되었으므로 주 곧 의로우신 재판장이 그 날에 내게 주실 것이며 내게만 아니라 주의 나타나심을 사모하는 모든 자에게도니라. (딤후 4:8)

너희 중에 있는 하나님의 양 무리를 치되 억지로 하지 말고 하나님의 뜻을 따라 자원함으로 하며 더러운 이득을 위하여 하지 말고 기꺼이 하며, 맡은 자들에게 주장하는 자세를 하지 말고 양 무리의 본이 되라. 그리하면 목자장이 나타나실 때에 시들지 아니하는 영광의 관을 얻으리라. (벧전 5:2-4)

너는 장차 받을 고난을 두려워하지 말라 볼지어다 마귀가 장차 너희 가운데에서 몇 사람을 옥에 던져 시험을 받게 하리니 너희가 십 일 동안 환난을 받으리라 네가 죽도록 충성하라 그리하면 내가 생명의 관을 네게 주리라. (계 2:10)

이 사람들은 여자와 더불어 더럽히지 아니하고 순결한 자라 어린 양이 어디로 인도하든지 따라가는 자며 사람 가운데에서 속량함을 받아 처음 익은 열매로 하나님과 어린 양에게 속한 자들이니 (계14:4)

그에게 빛나고 깨끗한 세마포 옷을 입도록 허락하셨으니 이 세마포 옷은 성도들의 옳은 행실이로다 하더라. (계19:8)

착한 행실로 영광을 돌림

우리는 주님께서 다시 오신다는 이 약속의 말씀을 믿으며, 신부들이 혼인 예식에서 신랑을 기다리듯이, 우리의 신랑 되신 예수께서 이 땅에 임하실 때, 그분께 돌아가기를 기다리며 소망합니다. 우리는 이 세상을 살면서 주님 오시는 그날까지 우리는 착한 행실로 주님께 영광을 돌려야 하겠습니다.

선한 그리스도인의 삶은 예수님께서 가르치신 착한 사마리아인의 비유(눅10:30-37)처럼 이웃을 향한 봉사와 구제를 실천하는 삶으로 이어질 것입니다.

너희는 세상의 소금이니 소금이 만일 그 맛을 잃으면 무엇으로 짜게 하리요 후에는 아무 쓸 데 없어 다만 밖에 버려져 사람에게 밟힐 뿐이니라. 너희는 세상의 빛이라. 산 위에 있는 동네가 숨겨지지 못할 것이요. 사람이 등불을 켜서 말 아래에 두지 아니하고 등경 위에 두나니, 이러므로 집 안 모든 사람에게 비치느니라. 이같이 너희 빛이 사람 앞에 비치게 하여 그들로 너희 착한 행실을 보고 하늘에 계신 너희 아버지께 영광을 돌리게 하라. (마5:13-16)

너희 소유를 팔아 구제하여 낡아지지 아니하는 배낭을 만들라. 곧 하늘에 둔 바 다함이 없는 보물이니 거기는 도둑도 가까이 하는 일이 없고 좀도 먹는 일이 없느니라. 너희 보

물 있는 곳에는 너희 마음도 있으리라. (눅 12:33-34)

천사가 내게 말하기를 기록하라 어린 양의 혼인 잔치에 청함을 받은 자들은 복이 있도다 하고 또 내게 말하되 이것은 하나님의 참되신 말씀이라 하기로 (계19:9)

그러므로 우리가 그리스도의 도의 초보를 버리고 죽은 행실을 회개함과 하나님께 대한 신앙과 세례들과 안수와 죽은 자의 부활과 영원한 심판에 관한 교훈의 터를 다시 닦지 말고 완전한 데로 나아갈지니라. (히6:1-2)

우리 모두 예수 그리스도의 죄 사하심의 은총을 믿어 예수님께서 가르치신 말씀을 지키며, 그분 안에서 천국에 있게 되는 기쁨을 함께 누릴 수 있게 되기를 소망합니다.

내가 너희에게 분부한 모든 것을 가르쳐 지키게 하라 볼지어다 내가 세상 끝 날까지 너희와 항상 함께 있으리라 하시니라. (마28:20)

또 이르시되 너희는 온 천하에 다니며 만민에게 복음을 전파하라. 믿고 세례를 받는 사람은 구원을 얻을 것이요 믿지 않는 사람은 정죄를 받으리라. (막16:15-16)

오직 성령이 너희에게 임하시면 너희가 권능을 받고 예루살렘과 온 유대와 사마리아와 땅 끝까지 이르러 내 증인이 되리라 하시니라. (행1:8)

오직 예수 그리스도의 복음을 전하기 위하여 믿음의 사람들이 '하나님을찾는사람들선교회(God Seekers, 갓시커)'를 결성하였습니다. 예수 그리스도의 구속의 은총을 전하고자 만든 이 책자를 통하여, 하나님의 그 크신 사랑과 십자가에 달려 돌아가신 우리 주 예수 그리스도의 구속의 은총을 이웃에게 전해 주시기 바랍니다.

글·사진 **이일화**

은혜교회 교육목사. 서울신학대학교를 졸업하고 서울시립대학교 도시과학대학원과 경영대학원에서 수학하여 도시계획학석사, 경영학석사 학위를 취득하였다.

문서선교 사역과 함께, 현재 은혜교회에서 한나회(65세-90세)와 10여년 이상을 함께하고 있으며, 「하나님을 찾는 사람들」 토요성경공부 모임을 운영하고 있다.

저자는 새신자 양육을 위한 프로그램 개발과 교육자료 개발, 성경연구 등을 통한 교회교육과 문서선교, 평신도들의 신앙성장 등에 각별한 관심을 갖고 있다.

저서로는 새신자 교육과 전도용 책자인 『나는 예수님을 어떻게 믿는가?』, 새 신자와 평신도를 위한 성경교리핸드북 『하나님을 찾아가는 길』과 그 증보판 『기독교 교리 알고 보면 쉬워요』, 그리스도인을 위한 신앙생활지침서 『주기도문·사도신경·십계명』, 기도 시편 『내 마음의 기도소리』, 『예수님의 십자가』 외 전공논문과 시집 등 다수의 책들이 있다.